Prof. Dr. med. Gerd Schnack

Der Große Ruhe-Nerv

Prof. Dr. med. Gerd Schnack

Der Große Ruhe-Nerv

7 Sofort-Hilfen gegen Stress und Burnout

KREUZ

MIX
Papier aus verantwortungsvollen Quellen
FSC® C106847
www.fsc.org

www.kreuz-verlag.de

Umschlaggestaltung: agentur Idee
Umschlagmotiv: © Corbis
Autorenfoto: © Hella Wolff-Seybold

Zeichnungen im Innenteil von Francesco Iorio

Satz: de·te·pe, Aalen
Herstellung: fgb · freiburger graphische betriebe
www.fgb.de

Printed in Germany

ISBN 978-3-451-61139-1

Inhalt

Vorwort 7

1. Kapitel
Nichts ist mehr, wie es einmal war 13

2. Kapitel
Der Große Ruhe-Nerv – der Initiator
der schnellen Tiefenentspannung 47

3. Kapitel
Glücksmomente im Stressalltag 93

4. Kapitel
Die Vagus-Meditation 107

5. Kapitel
Die Achtsamkeit des Augenblicks
in der Vagus-Meditation 131

6. Kapitel
Stressmanagement durch Achtsamkeit 135

7. Kapitel
Meditation & More – das Jahrhundertmedikament
im Stresszeitalter 161

Ausklang: Glücksgefühle kontra Stressängste 169

Anhang
Literatur 175
Anschriften im Internet 176
Präventivmedizinische Studien
zu den Aussagen des Buches 177

Vorwort

Zeit ist kostbar, außerordentlich kostbar, gerade in unserer Gegenwart mit ihrer ständigen Beschleunigung. Der Alltag in unserer rasanten Online-Gesellschaft hat dramatisch an Fahrt zugenommen, einmal durch die ständig steigende Informationsflut, zum anderen durch eine Event-Kultur, in der man von einem Ereignis zum anderen jagt. In diesem Rennen durch die Zeit kommt der Mensch nicht mehr zur Ruhe. Zeit wird zu einem kostbaren Gut, nicht zuletzt, weil sie mit Anerkennung, Erfolg und Besitz gleichgesetzt wird, ganz nach dcm Motto »Time is money«. Dabei ist die Entwicklung des Menschen durch die sogenannte »freie Marktwirtschaft« in ein gefährliches Fahrwasser geraten, sie treibt durch Stromschnellen, die einer ständig steigenden Gewinnmaximierung entgegenschießen. Schneller, höher, besser, komfortabler – ein Ende dieses hohen Anspruchsdenkens ist nicht in Sicht. Und eine Negativspirale nimmt ihren Lauf, in der der chronische Stress die Dramatik bestimmt, weil Phasen der Entspannung, der Erholung nicht in dieses Konzept passen, sie werden als reine Zeitverschwendung angesehen.

Geradezu prophetisch klingen heute die Worte Goethes in unseren Ohren, von ihm vor mehr als 200 Jahren formuliert:

»Ich bin nur durch die Welt gerannt,
Ein jed' Gelüst ergriff ich bei den Haaren,
Was nicht genügte, ließ ich fahren,
Was mir entwischte, ließ ich ziehn.

Ich habe nur begehrt und nur vollbracht
und abermals gewünscht und so mit Macht
Mein Leben durchgestürmt …«

Neben dem Stress im Berufsleben ist der Mensch auch einem zunehmenden Reisestress ausgesetzt. Im Zeitalter der Düsenjets und Billigflüge reist er nur noch, um anzukommen, während der eben zitierte Dichterfürst noch reiste, um unterwegs zu sein. Und Ähnliches gilt für die Freizeit überhaupt. Besonders an den Wochenenden jagt ein Ereignis das nächste, und unsere Aufmerksamkeit ist deutlich geteilt, denn in Gedanken sind wir oft schon längst bei der nächsten Veranstaltung. Hören Sie einmal die Veranstaltungstipps in den Radiosendern an einem Wochenende: Hier ein Stadtfest, dort ein Straßenfest, und während der Fete am Freitagabend ist man mit seinen Gedanken bereits beim Mega-Event am Samstag oder beim Brunch am Sonntag. Als hätte Goethe das geahnt, schreibt er:

»So tauml' ich von Begierde zu Genuss
und im Genuss verschmacht ich nach Begierde«

So gesehen kann es gar nicht überraschen, dass das Thema Stress und Burnout uns in immer größeren Lettern aus allen Zeitungen in die Augen entgegenspringt. Bücher und Ratgeber dazu gibt es zuhauf, so dass ich mich hier kurz fassen kann, schließlich will ich Ihnen nicht noch mehr von Ihrer kostbaren Zeit stehlen.

Das Thema »Der Große Ruhe-Nerv« ist neu und vielversprechend zugleich, weil alle Welt darauf wartet, endlich ein Konzept in der Hand zu halten, das unmittelbar und ohne großen Zeitaufwand wirkungsvoll im schnellen Stressalltag praktiziert werden kann.

> Der Große Ruhe-Nerv ist unser Lichtschalter, den wir jederzeit in der Dunkelheit des Ausgebranntseins im Burnout einschalten können, ein Lichtsignal, das sofort uns erleuchtet und erwärmt.

Obwohl Meditation augenblicklich in aller Munde ist, stellt die Tiefenentspannung für die Mehrzahl der Deutschen eine unbekannte Größe dar. Meditation, so das Klischee, das ist die Welt der Mönche in ihren abgelegenen Klöstern, eine Gegenwart, die nichts Vergleichbares zum schnellen Stressalltag aufzuweisen hat. Also fällt es uns schwer, diese besondere Lebenseinstellung zu verstehen oder sie in unseren Alltag zu integrieren. Meditation war die Sprache der Mystik, ein Sonderweg der Versenkung in einem persönlichen Glaubensleben, für den sogar ein Augustinus ins Gefängnis gehen musste. Und immer noch sehen viele Theologen eine ominöse Verbindung der Meditation zur Esoterik. Erstmalig stelle ich in diesem Buch die Vagus-Meditation als neuro-physiologische Grundlage der Tiefenentspannung dar – in ihrer Verbindung der drei Hirnnerven aus dem Gesichts-Halsbereich zum »emotionalen Gehirn«, der Schaltzentrale der Tiefenentspannung. Von hier aus leitet dann der zehnte Hirnnerv, der Vagus, die meditative Botschaft an das »Herz- und Bauchgehirn«.

Als Metapher hierfür möchte ich den Rettungsanker wählen, der einem Schiffbrüchigen in stürmischer See sofortige Hilfe garantieren kann und ihn vor dem Ertrinken bewahrt. Stress wirkt auf Menschen wie eine turbulente Brandung, in der sich die Wellen derart überschlagen, dass es kaum noch Hoffnung auf Rettung gibt.

Verstehen Sie also dieses Buch als ein Hoffnungssignal, das Ihnen Mut machen kann. Der Große Ruhe-Nerv in Ihnen wartet nur darauf, die Bühne betreten zu dürfen. Sein Verhalten gleicht dem eines Gentleman: Er will sich nicht in den Vordergrund drängen, allerdings wartet er nur darauf, von Ihnen aktiviert zu werden, um Sie zu stützen, Sie zu führen, damit Sie sicher das rettende Ufer erreichen. Der Große Ruhe-Nerv führt Sie in Ihre innere Schatzkammer im »emotionalen Gehirn«, in der sich gewaltige Energiereserven verbergen. So können Sie ohne Wenn und Aber den Stress annehmen, wie er nun einmal ist. »Die Wellen des Ozeans kannst du nicht verhindern, du kannst aber lernen, auf ihnen zu surfen.«

Der Stress unserer Gegenwart setzt auf Sturm, unruhige Zeiten sind angesagt, in denen sich die Menschen auf ihren Beinen kaum noch halten können. Doch wir sind es, die entscheiden, es kommt auf unser eigenes Verhalten an, damit wir dem prägenden Grundsatz lebendiger Prozesse gerecht werden, der allen Pflanzen, Tieren und auch dem Menschen mit auf den Weg gegeben wurde. Ich meine das Prinzip der Selbstorganisation im Sinne einer permanenten schöpferischen Evolution, dem jede Blume gehorcht, wenn sie an das energiespendende Sonnenlicht gelangen will. Die heilsame Medizin gegen Stress und Burnout ist die unvergängliche GLH-Botschaft unseres Herzens. Sie lautet »Glaube – Liebe – Hoffnung«, und sie zündet immer dann, wenn wirksame Rettungsanker in unserer Nähe sind – der stürmischen See zum Trotz. Ein Schiffbrüchiger befindet sich dann in der Gefahr des Ertrinkens, wenn er weder eine Insel noch irgendein Schiff mit Rettungsanker mehr sieht – er ertrinkt an Hoffnungslosigkeit. Ganz anders, wenn Hilfe in Sicht ist: Dann ist er in der Lage, alle Energiereserven zu mobilisieren, um noch eine Stunde schwimmend um sein

Leben zu kämpfen. In diesem Buch biete ich Ihnen nicht nur einen, sondern gleich sieben Rettungsanker an, die Sie bei Stress einsetzen können.

Der Große Ruhe-Nerv, der Vagus, der wichtigste Nerv im Entspannungsnetz Parasympathikus, führt Sie an sein ursprüngliches Kerngebiet im Hirnstamm, der Übergangsregion vom Rückenmark zum Gehirn. Führende Psychologen (z. B. David Servan-Schreiber) bezeichnen diesen Bezirk als »emotionales Gehirn«, das uns bei Stress und Burnout aus der Krise führen kann. Mit diesem Buch möchte ich Ihre »emotionale Intelligenz« fördern, denn speziell aus dieser Gefühlszentrale heraus können Sie den Stress in Ihrem direkten Umfeld unter Kontrolle bringen. Erst in einem zweiten Schritt ist dann auch unser Durchsetzungsvermögen gefragt, das von unserer kognitiven Wissenszentrale im Stirnhirn (präfrontaler Kortex) gesteuert wird. Die Vergangenheit hat jedoch gezeigt, dass ein hoher Intelligenzquotient nicht ausreicht, um Stress in unterschiedlichsten Facetten unter Kontrolle zu bringen. All unser Wissen und all unsere Erfahrungen reichen nicht aus, die notwendigen Hoffnungs- und Erfolgssignale zu setzen, damit das Leben trotz ständig steigender Stressbelastungen lebenswert bleibt. Die Grundeinstellung des Menschen geht weit über die betont körperlich-geistig-gesellschaftliche Dimension hinaus. Wichtig für jeden Einzelnen ist seine Zielorientiertheit (Intentionalität) in einem gelingenden Leben, in dem die Sinnerfüllung durch Werte an erster Stelle steht. Das Glücksgefühl im Zusammenhang mit der materiellen Absättigung unserer Bedürfnisse oder im Zusammenhang mit unterschiedlichen Wellness-Versprechen ist nur vorübergehend, dauerhaft empfinden wir das Leben erst dann als lebenswert, wenn eine Sinnverwirklichung durch Werte möglich ist, wenn wir Ziele realisieren, die uns wichtig sind.

Für den österreichischen Psychiater Viktor Frankl ist das Menschliche die Mitte unserer Seele, hier liegen unsere größten Energiereserven.

1. Kapitel
Nichts ist mehr, wie es einmal war

Während früher der Bauer tagein, tagaus im schweren Boden hinter seinem Pflug herstapfte, wird in unserer Zeit körperliche Arbeit meist Maschinen überlassen. Die einstige Schwerstarbeit von Tagen erledigt mittlerweile ein Traktor im Handumdrehen. Und auch der Tagesrhythmus hat sich völlig gewandelt. Während früher der Wechsel zwischen Tag und Nacht dem Stand der Sonne folgte – mit den Hühnern suchte man am Abend sein Schlafzimmer auf, um morgens beim ersten Hahnenschrei wieder auf der Matte zu stehen –, hat sich mit dem Jahr 1879 alles geändert. Denn mit der Erfindung der Glühbirne hat der Mensch die Nacht zum Tag gemacht. Doch selbst die beginnende Industrialisierung kannte noch Pausen: Die ersten Dampfmaschinen waren noch auf hohe Wartungszeiten angewiesen. Wiederkehrende Ruhezeiten waren unumgänglich, in der die Technik kurz verweilen musste. Mit dem technischen Fortschritt schwanden diese Pausen jedoch. Einen vorläufigen Höhepunkt erreichte die Entfesselung der Arbeit schließlich mit der Erfindung des Computers und seinen schier unbegrenzten Möglichkeiten. Seither sind wir eingebunden in ein globales Netzwerk, das ein nachhaltiges Pausen- und Unterbrechungsverhalten nicht mehr zulässt. Das Berufsleben wurde unter der Bezeichnung »Entgrenzung von Arbeit« grundlegend verändert, dabei vollzog sich diese »stille Revolution« in vier Stufen:

- Zum Überleben in grauer Vorzeit konnte der Mensch seinem bewährten Kampf- und Fluchtreflex vertrauen, der bei drohender Gefahr im Bruchteil einer Sekunde alle Energiereserven zündete. Seiner Stärke bewusst, erfolgte entweder der direkte Angriff nach vorn oder, im Falle einer Niederlage, die Flucht nach hinten. – Das war einmal.
- Im Zeitalter des Computers hat sich vieles verändert. Hoher körperlicher Einsatz am Arbeitsplatz ist nicht mehr gefragt. Eine Erleichterung, möchte man meinen, doch der Schein trügt. Die Erregung des Zentralen Nervensystems durch den Kampf-Flucht-Reflex hat nicht ab-, sondern dramatisch zugenommen, hervorgerufen durch die hohe Stufe wechselnder Sinnesreize. Ein fehlerhafter Kreislauf ist die Folge, weil der Mensch plötzlich nicht nur endlosen Stressattacken schutzlos ausgesetzt ist, sondern ihm zugleich alle Fluchtkorridore verschlossen sind, so dass die Antriebshormone nicht mehr durch den notwendigen körperlichen Einsatz über die Aktivitäten großer Muskelgruppen ($^1/_6$ der gesamten Muskelkapazität) abgebaut werden können. Laufen, Kämpfen, Flüchten – jeder körperliche Einsatz ebnet uns den Weg in den Fluchtkorridor, um Stress abzubauen. Ein Ausweg, der uns am Computer-Arbeitsplatz verschlossen bleibt. Die hohe zentrale Erregungsstufe muss tatenlos im Sitzen verarbeitet werden. Man schluckt den Ärger hinunter, auch wenn das Herz bis in die Schläfen pocht.
- In der Bedienung der leichtgängigen Computer-Tastatur sind nicht mehr grobe Kräfte erforderlich, gefragt sind lediglich die kleinen Muskeln der Hände und der Arme, deren Aktivität aber nicht ausreicht, um den notwendigen Stoffwechselausgleich im Körper zu erreichen. Bei ihrem Intensiveinsatz in monotoner Position sind Überlastungssyndrome an der Tagesordnung, die unter der Bezeichnung RSI (repetitive strain injurie) zusammen-

gefasst werden. Ein prominentes Beispiel ist das »Mausklick-Syndrom«, eine Berufskrankheit, die heute unter einem großen Aufwand an Zeit, Geld und Material in Spezialkliniken operiert werden muss.

- Mit Internet, Facebook, Twitter, Handy und TV sind wir einer permanenten Online-Präsenz ausgesetzt, die in bedenklicher Weise zu einer »Entgrenzung von Arbeit« geführt hat. Bereits auf dem Weg zur Arbeit ist der Mitarbeiter mit seinem Laptop gefordert, nicht einmal am Wochenende reißt der Kontakt zu wichtigen Entscheidungsträgern der Firma ab. Und danach eröffnet sich eine Freizeitkultur, in der ein Event das nächste jagt. Oft schnappt die Burnout-Falle im Urlaub zu, der vielfach teuer erkauft werden muss. Denn neben dem eigentlichen Preis sind auch Zugverspätungen, lange Staus auf der Autobahn oder mögliche Streiks der Fluglotsen zu berücksichtigen. Der Feierabend hat Feierabend, nach erholsamen Pausen in unserer schnellen, hellen und lauten Welt suchen wir vergebens.

> Mit der Entgrenzung der Arbeit in der Online-Gesellschaft wird die Überstunde höher eingestuft als die erholsame Siesta. Nicht der Stress ist es, der uns krank macht, sondern die verlorene Pause.

Wir leben im Wohlstand und bewegen uns in gesicherten Grenzen, während die Generationen unserer Väter, Groß- und Urgroßväter ständig mit anderen Völkern auf unterschiedlichsten Kriegsschauplätzen in einer Dauerfehde lagen. Noch heute wecken die Bombennächte des Zweiten Weltkriegs, in denen nachts im Luftschutzkeller die feindlichen Flugzeuge über uns hinwegzogen, in mir die tiefsten Angstgefühle. Doch trotz der politischen Sicherheit unserer Zeit leidet gegenwärtig jeder siebte Europäer unter Angstzuständen, wie einer aktuellen Studie der Abteilung für Psychologie und Psychotherapie der TU Dresden unter Leitung von Hans-Ulrich Wittchen zu entnehmen ist. Beteiligt waren Hunderte von Forschern aus allen 27 EU-Staaten einschließlich der Schweiz, Norwegen und Island. Eine erschreckende Entwicklung konnte aufgezeichnet werden: Mit 26 Prozent stellen die psychischen Störungen inzwischen das häufigste Krankheitsbild. Damit sind die Herz-Kreislauf- und Krebserkrankungen erstmalig überholt. Die bereits bekannte WHO-Statistik wird nachdrücklich bestätigt: *Laut WHO ist das Stress-Burnout-Syndrom inzwischen die weltweite Gesundheitsgefährdung Nr. 1, häufiger anzutreffen als die bisher führenden Herz-Kreislauf-Erkrankungen.*

Die aktuellen Studiendaten im Einzelnen:
165 Millionen (38 Prozent) der Europäer leiden einmal pro Jahr an einer psychosomatischen Störung. Angststörungen liegen europaweit mit 14 Prozent an der Spitze aller Stressbelastungen. Die Depression liegt mit 7 Prozent auf Platz 2, gleichauf mit Schlafstörungen.

Inzwischen hat sich gezeigt, dass Menschen mit chronischen Angststörungen eine um vier Jahre verminderte Lebenserwartung haben – genau wie Brustkrebspatienten. Die Betroffenen ziehen sich schutzsuchend in die Isolation zurück, was zu negative Folgen für ihre allgemeine Gesundheit führt. Denn in dieser Isolation wird jedwede Aktivität vernachlässigt. Den Betroffenen fehlt die Initiative für ein ausgleichendes Ausdauertraining, wodurch das allgemeine

Herz-Kreislauf-Risiko, die Gefahr eines Herzinfarktes oder eines Schlaganfalles drastisch wächst. Die soziale Isolierung von der Gesellschaft bewirkt eine weitere Zunahme der Stressspannung, denn der Mensch ist ein soziales Wesen, die gesundheitlichen Einbrüche dringen bis in das Immunsystem vor.

Vor allem alte Menschen sind es, die von Ängsten und Depressionen betroffen sind. Sie erleben häufiger Herz-Kreislauf-Erkrankungen, Multiple Sklerose, Parkinson oder Alzheimer, die in der Regel mit depressiven Stimmungslagen assoziiert sind. Was in der Dresdener Studie jedoch überrascht, ist die Tatsache, dass gerade Jugendliche und Erwachsene unter 25 Jahren den höchsten Anstieg in der Häufigkeit der Depression aufzuweisen haben. Eine Entwicklung, die in den letzten 25 Jahren stattfand, denn vor dieser Zeit war eine echte Depression bei jungen Menschen sehr selten. Inzwischen ist bei Jungen und Mädchen unter 18 Jahren die Depression fünfmal häufiger anzutreffen als in früheren Epochen – und damit steigt automatisch das Risiko, im späteren Leben chronisch depressiv zu werden.

Jugendliche und junge Erwachsene weisen den höchsten Anstieg in der Häufigkeit der Depression auf.

Wo liegen die Gründe für diese eklatante Fehlentwicklung auf psychosomatischem Gebiet, die dazu führte, dass Stress und Burnout zu neuen Volkskrankheiten mutieren konnten, und die bewirkt, dass die moderne westliche Medizin bei der Behandlung der chronisch stressbedingten Erkrankungen häufig vor einem Rätsel steht? Das Problem besteht in vielen Fällen darin, dass sich die Menschen krank fühlen, ohne dass der Hausarzt in den Laborwerten und Röntgenaufnahmen etwas Greifbares nachweisen kann. Die chronisch stressbedingten Erkrankungen entziehen sich häufig modernsten Diagnoseverfahren, und dennoch ist der betroffene Patient schwer erkrankt. Gründe gibt es viele für die gesundheitliche Fehlentwicklung des Menschen im Stresszeitalter, hier die wichtigsten im Überblick:

- Verlorener natürlicher Lebensrhythmus, Daueranspannung ohne ausgleichende Entspannung.
- Dysbalance des vegetativen Nervensystems zwischen dem Anspannungsnerv (Sympathikus) und dem Entspannungsnerv (Parasympathikus). Der moderne Mensch ist permanent der Antriebspeitsche des Sympathikus ausgeliefert bei hoher Erregung des Zentralen Nervensystems.
- In einer fehlenden Pausenkultur hat der Feierabend keine Bedeutung mehr.
- Hohe Erwartungen ans Leben, die nicht immer erfüllt werden können.
- Zukunftsängste, die durch negativen Medieninformationen gesteigert werden, Horrorvisionen beherrschen die Nachrichten.

Mit bis zu anderthalb Jahren Wartezeiten bei spezialisierten Psychologen oder Psychotherapeuten ist bei einer depressiven Erkrankung zu rechnen. Tritt in diesem Zeitraum keine Besserung ein, so ist häufig der Arbeitsplatz verloren und auch die persönliche Beziehung in Gefahr. Die westliche Medizin steckt immer noch in den alten Schuhen der symptomatischen Behandlung mit chemischen Mitteln, ohne den ursächlichen Therapieansatz über einen allgemeinen Spannungsabbau durch die Verhaltensänderung des Einzelnen in den Vordergrund zu stellen.

Stress wirkt dreidimensional

Wer kann sich heute noch auf ein natürliches Leben berufen, das unserer Grundbestimmung entspricht und in dem wir all unsere Begabungen ausspielen können? Dirigenten vielleicht oder Musiker oder freischaffende Bildhauer? Der ehemalige Traumberuf des Arztes jedenfalls ist im durchtechnisierten Alltag zu einer echten Herausforderung mit steigendem Burnout-Risiko geworden. Sicher, Nachtdienste gehören schon seit Generationen zur Routine der Kliniken. Doch mittlerweile ersticken viele Mediziner in Verwaltungs- und Organisationsaufgaben, die die Computertechnologie in den letzten Jahren überhaupt erst ermöglicht hat. All diese Veränderungen des Lebensstils und der Lebensbedingungen tragen dazu bei, dass das Stress-Burnout-Phänomen kontinuierlich ansteigt.

- *Chronischer Stress wirkt dreidimensional auf den menschlichen Körper*

Allgemeine Stressfolgen auf das gesamte Herz-Kreislauf-System durch Bewegungsmangel: Die veränderte Stoffwechselsituation provoziert das gefährliche metabolische Syndrom mit seinem »tödlichen Quartett« (Adipositas, Fettstoffwechselstörungen, Bluthochdruck, Typ-2-Diabetes). Auf der Grundlage einer Arteriosklerose droht häufig ein Herzinfarkt oder ein Schlaganfall.

Prävention durch atemgesteuertes Ausdauertraining: möglichst bis zu 30 Minuten täglich durch Spaziergänge, Jogging, Radfahren, Schwimmen, Tanzjogging auf dem häuslichen Minitrampolin. Grundsätzlich geht es um Ausdauertraining, das Sie mit Freude und Begeisterung praktizieren.

Periphere Stressfolgen des Stütz- und Bewegungsapparates durch monotone Bedienungsarbeit bevorzugt an computergesteuerten Arbeitsplätzen, an denen die Hände als verlängerte Hebel der Maschine missbraucht werden. Jede Bewegung ist auf den energiefördernden Gegenschwung angewiesen, der aber in dieser einseitigen Frontalposition nicht vorgesehen ist. Daher lautet die moderne Berufskrankheit RSI (repetitive strain injurie). R steht dabei für die einseitige Belastung besonders der Finger- und Armbeugemuskel, S für die hierdurch provozierte lokale Stressspannung und schließlich I für Verletzung bzw. Erkrankung, die speziell in den Armen, aber auch im Nacken, im Rücken und im gesamten Becken ausgelöst wird. Das bekannte »Mausklick-Syndrom« (Karpaltunnelsyndrom) bildet dabei nur die Spitze des Eisberges aller Berufskrankheiten.

Prävention durch Gegenschwung-Stretching über jeweils sieben Sekunden. Bei monotoner Arbeitsbelastung empfiehlt sich die Dehnung im Zwei-Stunden-Rhythmus, weil ein gedehnter Muskel bei fortgesetzter Arbeit nach etwa 90 Minuten wieder in eine erneute Stressspannung gerät.

Zentrale Stressfolgen erfassen das Gehirn mit seinem Zentralen Nervensystem, ausgelöst durch eine hohe Dichte zentral zu verarbeitender Sinnesreize in betonter Online-Präsenz. Die Initialzündung bei zentralem Stress geht von Schlafstörungen mit gestörtem Biorhythmus aus. Negatives Denken in Verbindung mit Sorgen und Ängsten provoziert weitere Kreativitätsverluste, und über die Depression droht nicht selten das Burnout.

Prävention durch eine neue Pausenkultur, dabei ermöglicht die Vagus-Meditation eine direkte Anwendung der Tiefenentspannung in Sekunden im Stressalltag.

Im Grunde genommen ist Stress ein Geschenk: die Reaktion unseres Körpers auf die wechselnden Herausforderungen dieser Welt, die es zu überwinden gilt – heute, morgen, ein

Leben lang. Und ohne dieses innere Feuer wären alle Forscher und Entdecker bereits in ihren Startlöchern hängen geblieben.

Die durch den Stress hervorgerufene Aktivierung in einzelnen Zügen:

- Schlagzahlerhöhung des Herzens mit Blutdruckanstieg
- Intensivierung der Atmung
- Optimale Energieversorgung der Muskulatur
- Drosselung der gesamten Magen-Darm-Passage
- Verbesserte Blutgerinnung gegen mögliche Kampfverletzungen

Die Stressantwort wird vom Zentralen Nervensystem über eine Hormonkaskade gestartet. Das verbindende Hormon zwischen Kopf und Körper fließt über die Hypothalamus-Hypophysen-Nebennieren-Achse mit dem CRH (Corticotrope-releasing Hormon).

Dieses Hormon setzt das ACTH (Adrenocorticoprope Hormon) frei, das dann über die Nebennierenrinde Cortisol in die Blutbahn schleust. Parallel hierzu wird der Sympathikus des vegetativen Nervensystems aktiviert, der beidseits entlang der Wirbelsäule verläuft und alle Organsysteme, die Muskulatur und die Blutgefäße beeinflusst. Aus dem Nebennierenmark werden die Hormone und Neurotransmitter Adrenalin sowie Noradrenalin freigesetzt, die das Herz-Kreislauf-System und den Kohlenhydratstoffwechsel stimulieren.

Geradezu genial verläuft die Stressantwort des Körpers in Sekunden, eine Blitzreaktion des Körpers für die aufgerufene Leistungssteigerung, wenn sie denn nach Stress folgerichtig vollzogen wird.

Und genau an diesem Punkt beginnt das Problem der Neuzeit, denn in der Online-Gesellschaft mangelt es zum einen an körperlicher Bewegung, zum anderen an regelmäßiger Erholung. In diesem Zusammenhang wurde von Bruce McEwen für Dauerstress ohne Ausgleich der Begriff »Allostatic load« geprägt, der unbehandelt zu schweren körperlichen Erkrankungen führen muss.

Ohne Verhaltensänderung durch Entspannung und Bewegung führt chronischer Stress zu einem Blutdruckanstieg mit gesteigertem Herzinfarkt- und Schlaganfall-Risiko. Auslöser ist eine Arteriosklerose auf der Grundlage einer Energiekrise, weil das Fett nicht ausreichend verstoffwechselt werden kann. Unter Stressbedingungen fehlt der hierfür notwendige Sauerstoff. Die ungenutzte Fettenergie wird an den Innenwänden der Arterien abgelagert (speziell als »böse« LDL-Partikel), bis die Arterien schließlich ganz verstopft sind. Über die Arteriosklerose sind dann dem Herzinfarkt, dem Schlaganfall und dem Typ-2-Diabetes Tür und Tor geöffnet. Bei chronischem Stress geht jedoch auch die Cortisolausschüttung zurück, ein Anstieg der entzündungsfördernden Cytokine ist die Folge, die vom Cortisol gesteuert werden.

Stress und Arteriosklerose! Gestörter Cholesterinstoffwechsel und Entzündung zugleich. Richtwerte des »bösen« LDL-Cholesterins nicht über 100 mg/dl, Entzündungsmarker CRP (high sensitiv) nicht höher als 1.0 mg/dl.

Für die Einleitung der Stressreaktion gibt es einen Gefahrenmelder, der im Hirnstamm an der Unterseite des Hippocampus angesiedelt ist, der Mandelkern (Amygdala). Er bewertet die Sinnesreize emotional und stimuliert in bedrohlichen Situationen die HPA-Achse (Hypothalamus-Hypophysen-Nebennieren-Achse). Auf der bereits geschilderten Hormonkaskade werden in der Nebenniere Adrenalin, Noradrenalin und Cortisol gebildet, die in der Lage sind, den Stoffwechsel unmittelbar hochzufahren und alle Energiereserven auf den Plan zu rufen. Dieses angeborene Dopingsystem hat in Zeiten hoher körperlicher Arbeit hervorragend funktioniert. In dieser Zeit der primären Selbstbehauptung war die gesamte Aufmerksamkeit nach außen auf Verteidigung oder Angriff gerichtet, eigene Befindlichkeiten wurden an den Rand gerückt. War die Bedrohung abgewendet, war die existentielle Tagesarbeit für die Versorgung der eigenen Familie erfüllt, kehrte das ganze System zur Normalität, d.h. zur Ruhe und Entspannung zurück, die Stresshormone im Köper bildeten sich zurück. In dieser Zeit der Regeneration konnten die geleerten Energiedepots erneut aufgefüllt werden, der gesamte Organismus kehrt wieder in das Gleichgewicht der Homöostase zurück.

Bei hoher körperlicher Arbeit bleibt ein natürlicher Rhythmus dem Menschen erhalten. Im Wechsel zwischen Anspannung und Entspannung kann der Körper in den ausgewogenen Zustand der Homöostase zurückkehren.

Das Problem begann mit dem Verlust des natürlichen Wechsels zwischen Stress und Entspannung, Belastung und Entlastung. In der Hektik des Alltags folgt Stressspannung auf Stressspannung, und das in kontinuierlicher Folge. Die Stresshormone Adrenalin, Noradrenalin und Cortisol bleiben erhöht – eine Daueranspannung, der kein Mensch gewachsen ist. Das Herz schlägt nicht nur unter Belastung zu schnell, schon in Ruhe ist der Puls zu hoch. Je schneller aber das Herz in Ruhe schlägt (mehr als 70 Schläge pro Minute), umso weniger Sauerstoff kann es transportieren. Sogar der eigene Herzmuskel wird nur noch unzureichend mit Sauerstoff versorgt, weil nur in der Entspannungsphase (Diastole) sauerstoffreiches Blut in den Kranzgefäßen fließen kann. Je schneller das Herz in Ruhe schlägt (z.B. im untrainierten Zustand), umso kürzer fällt die Gesamtzeit der Entspannungsphase in der Diastole aus. Auch die oberflächliche, schnelle Atmung unter Stress ist nicht ökonomisch in der Sauerstoffversorgung, weil die Lunge nur noch oberflächlich beatmet wird.

Der chronisch erhöhte Blutdruck zerstört die Innenwände der Arterien, weiße Blutkörperchen docken an den Defektstellen an, und mit der Entzündung beginnt die gefährliche Arteriosklerose.

Muskelzellen sprechen schlechter auf Insulin an und können weniger Zucker aufnehmen, damit wird Muskeleiweiß verbraucht. Die Muskeln schrumpfen, sie verlieren an Leistung, Spannungskopfschmerzen und Rückenbeschwerden werden chronische Leiden.

Stresshormone, besonders aber das Noradrenalin, drosseln die Durchblutung des Magen-Darm-Traktes. Hierdurch werden Immunzellen gehindert und Entzündungen können sich ausbreiten, der Erreger der Magenschleimhautentzündung (Helicobacter pylori) hat leichtes Spiel. Im Gehirn können die Cytokine unter chronischem Stress Nervenzellen zerstören. Ein Überangebot an Cortisol behindert den Hippocampus, der unser Gedächtnis steuert.

Stress auf Dauer frisst Nervenzellen und lässt das Gedächtnis schrumpfen.

Und dennoch ist es nicht der zu viele Stress, der uns krank macht, sondern die fehlende Entspannung. Stress löst im Menschen offensichtlich ein regelrechtes Suchtpotenzial aus, denn nichts scheint schwerer zu ertragen als eine Reihe von ruhigen Tagen. Jugendliche können kaum noch still sitzen, ohne dass die Beine in zittriges Zucken versetzt werden. Stille wird mit Langeweile gleichgesetzt, dieses »Abseits von allem« wird inzwischen als Kavaliersdelikt wahrgenommen. Mit den sieben Rettungsankern der Vagus-Meditation sind Sie Ihr eigener Brandlöscher, Sie schützen und löschen nicht erst, wenn alles in Flammen steht oder gar im Burnout ausgebrannt ist.

Wie schon erwähnt: Der moderne Mensch verrennt sich im Geflecht einer Lebensgestaltung maximaler Ansprüche am Arbeitsplatz, auf Reisen und auf den Märkten einer grenzenlosen Event-Gesellschaft. In diesem Tohuwabohu gibt es kaum noch Stillstand. Eine Negativspirale permanenter Lebensverdichtung ist die Folge, bestätigt durch den Gesundheitsbericht der DAK von 2010, wonach 53 Prozent der Arbeitnehmer in unserem Land unter Schlafstörungen leiden – eine Initialzündung für ein mögliches »Ausgebranntsein«. Aus gutem Grund hat daher die Weltgesundheitsorganisation *Burnout als den Zustand der totalen Erschöpfung als die weltweit größte Gesundheitsgefährdung eingestuft.*

Gemäß dem europäischen Hirnforschungsrat in Brüssel leiden von den 466 Millionen Menschen der EU, einschließlich Norwegen, Island und der Schweiz, bereits seit 2005 127 Millionen unter psychisch-neurologischen Erkrankungen. 41,4 Millionen stehen unter regelmäßigen Angstzuständen, unter Panik oder sozialen Phobien, 40,8 Millionen unter Migräne, 20,9 Millionen unter Depressionen und 9,2 Millionen unter Alkohol- und Medikamentensucht.

Das sind die Folgen eines allumfassenden Netzwerkes, bestimmt durch das Zeitalter der *digital community*. Laut einem Bericht der »Berliner Zeitung« sind unter den 82 Millionen Deutschen 96,4 Millionen Handyverträge vergeben, dabei wird mit jedem Handy durchschnittlich 202 Minuten am Tag telefoniert. Bereits über 75 Prozent der Deutschen sind online, die Mehrheit davon den ganzen Tag über. Diese stete Unabkömmlichkeit über Facebook, Twitter, Skype fordert ihren Preis. Eine 24-Stunden-Online-Präsenz schafft Nähe zu allen Freunden und Bekannten, egal, ob nah oder fern, was früher oft nur über umständliche Briefkontakte oder lange Reisen erreicht werden konnte. In ständiger Sozialkompetenz gedeihen Begehrlichkeiten auf beiden Seiten. Ist jedoch die Aufmerksamkeit betont nach außen gerichtet, gibt es kaum noch besinnliche Momente, wichtige körpereigene Signale können nicht mehr wahrgenommen werden.

Hinzu tritt eine Sucht nach Lärm. Ein Leben ohne Geräusche scheint kaum noch vorstellbar, und viele unter uns fühlen sich durch Stille an den Rand eines Friedhofes versetzt. Verklingt der Lärm um uns herum, nehmen wir bewusst den Aufbruch aus unserem Inneren wahr. Sorgen und Ängste treten plötzlich ins Bewusstsein, die leicht vom Lärm der Zeit verdrängt werden können. Die Abhängigkeit von Handy, Laptop, TV und MP3-Player ist inzwischen so weit fortgeschritten, dass in den USA bei Jungakademikern aus zehn Ländern eine 24-Stunden-Abstinenz mit Verärgerung, Ängstlichkeit, Unsicherheit, Nervosität, Einsamkeit, gefühlter Unfreiheit, Depression, teilweise mit Paranoia oder Durchdrehen wahrgenommen wurde. Viele waren aber auch nur noch gelangweilt.

In dieser Scheinwelt digitaler Vernetzung werden Betroffene vom Burnout überfallartig getroffen. Oft sind es routinemäßige Alltagsvorgänge, bei denen der Körper abrupt seinen Dienst einstellt, mitten im Kofferpacken vor einer Reise oder aus dem Berufsalltag heraus, wenn das Auto noch schnell vor dem Antritt in den Urlaub beladen werden muss. Die blitzartige Burnout-Synkope im Stressalltag. Gewitter kündigt sich aber auch an! Und wir sind gut beraten, rechtzeitig auf die Stimme in unserem Inneren zu hören. Es gibt deutliche Warnzeichen vor dem Burnout: psychische, körperliche, seelische:

- Anhaltende Schlafstörungen über lange Perioden, oberflächlicher Schlaf oft verbunden mit Nachtschweiß und Muskelspannungen
- Müdigkeit und Energiemangel am Arbeitsplatz
- Konzentrationsmangel, Vergesslichkeit, Kreativitätsverluste, negative Lebenseinstellung, Niedergeschlagenheit, Hoffnungslosigkeit, Überdruss
- Abwehrschwäche, Herz-Kreislauf-Beschwerden, Magen-Darm-Erkrankungen, Kopfschmerzen, Störungen der Sexualität
- Vermindertes Einfühlungsvermögen, Verlust von Mitgefühl, soziale Isolierung

Die Metapher Burnout ist nicht sonderlich treffend gewählt. Ausbrennen oder durchbrennen können elektrische Leitungen, und das mit sofortiger Einstellung aller Funktionen. Doch die Burnout-Synkope als Blitzschlag ist eher selten, häufiger handelt es sich um einen chronischen Schwelbrand, der oft über Jahre von ansteigenden Funktionsstörungen bestimmt wird. Eines guten, oder besser: eines besonders schlechten Tages steht das gesamte Gebäude in Flammen.

Der Begriff Burnout wurde 1974 von dem Psychoanalytiker Herbert J. Freudenberger und von Sigmund G. Ginsburg geprägt und im Zusammenhang mit dem psychisch-physischen Abbau bei ehrenamtlichen Mitarbeitern in Hilfsorganisationen gesehen. Einige Jahre später standen nicht nur die Sozialberufe in einer engen Beziehung zum Burnout. Existenzkrisen, besonders bei Männern, gerieten ins Zentrum der allgemeinen Aufmerksamkeit, und Hermann Schreiber definierte 1977 »Die Krise in der Mitte des Lebens« – die »Midlife Crisis« war in aller Munde.

Burnout oder Midlife Crisis, aktuelle Erscheinungsformen haben oft eine tiefe Wurzel. Bereits im frühen Mittelalter, zur Zeit der Mystik, unterschied Meister Eckhart (um 1260–1328) zwei Personentypen: »Menschen, die bei den Dingen sind, von solchen, in denen die Dinge sind«. Dietmar Mieth führt in »Die Einheit von vita activa und vita contemplativa« hierzu 1969 aus: »Wer innerlich von den Dingen besetzt ist, dem treten sie dauernd als Sorgen und Ängste vor Augen, behindern ihn, machen ihn sorgenvoll.«

Burnout basiert auf drei Kardinalproblemen

1. Äußere Faktoren
Bewältigung äußerer Herausforderungen, man weicht aber gern unüberwindlich erscheinenden Problemen aus.

2. Innere Faktoren
Hoher Perfektionismus gerichtet an die eigene Person, an andere und an das Leben. Geringes Selbstwertgefühl bei nicht perfekter Leistung.

3. Kompetenzverluste
Falscher Arbeitsplatz, nicht nach den Begabungen eingesetzt. Damit verbunden: fehlende Anerkennung, geringe Karrierechancen, ungerechte Gehaltsvergütung, fehlender Kontakt zur Firmenleitung.

Mobbing-Krise
Diese drei Fehlentwicklungen münden nicht selten in eine Mobbing-Krise der sozialen Bindungslosigkeit mit Kollegen und mit der Firmenleitung. Persönliche Gesundheits- und Leistungskrisen sind die Folge dieser Individualisierung in der Gesellschaft.

Regenerationskrise
Eine fehlende Pausenkultur trägt zum Burnout bei. Häufig sind es Doppelbelastungen in Familie und Firma. Verstär-

kend wirken die Auflösung vieler Familienverbände, fehlende soziale Netzwerke wie Vereine, Gewerkschaften, Kirchengemeinden etc.

Der Anstieg der psychosomatischen Erkrankungen ist damit vorprogrammiert. Laut dem Robert-Koch-Institut haben die Fehlzeiten in der Berufswelt in den letzten zehn Jahren durch psychosomatische Erkrankungen um 76 Prozent zugenommen. Bevorzugte Berufsgruppen sind:

- Manager in sogenannten »Sandwich-Positionen«, die einem Dauerdruck von oben und unten ausgesetzt sind
- Lehrer, Erzieherinnen, Schulpsychologen
- Krankenschwestern, Pflegepersonal, Gemeindeschwestern
- Polizisten, Gefängnispersonal
- Ärzte, Zahnärzte
- Pfarrer, Sozialarbeiter
- Drogenberater, Psychotherapeuten
- Stewardessen
- Arbeitslose

Im modernen Technikzeitalter verliert der Mensch unaufhörlich seinen natürlichen Rhythmus zwischen Tag und Nacht, zwischen Anspannung und Entspannung, so dass alle Stoffwechselvorgänge im Körper unter der permanenten Hochspannung des Stressnerven Sympathikus leiden.

Ein gestörter Biorhythmus prägt die Online-Gesellschaft. Burnout ist die Folge, wenn die Nacht zum Tag gemacht wird.

Chronischer Stress verläuft praktisch in drei Stufen

1. Stufe
Allgemeine Stressfolgen sind Schlafstörungen, Herz-Kreislauf-Beschwerden, Kopf- und Rückenschmerzen durch Muskelverspannungen.

2. Stufe
Burnout-Phänomene mit nachhaltigen Schlafstörungen, Leistungsminderungen, Konzentrationsverluste, geschwächtes Immunsystem mit verstärkter Infektions-Entzündungsanfälligkeit.

3. Stufe
Chronisches Müdigkeitssyndrom (CFS) mit Einschlaf- und Schlafstörungen, Depressionen, Konzentrations- und Gedächtnisschwäche, deutliche psychosomatische Störungen, hohe Infektionsanfälligkeit, Muskel- und Gelenkbeschwerden.

Über Schlafstörungen und Tinnitus ins Burnout
Burnout ist nicht eine Erkrankung wie jede andere, das Ausgebranntsein ist eine Folge des modernen Lebensstils, der uns eine hohe innere Erregung abverlangt. Viele von uns haben ihren natürlichen Rhythmus und einen Großteil ihres Nachschlafes verloren, auf den wir auf lange Sicht aber nicht verzichten können, denn in der Nacht passiert Wichtiges im Körper. Der Rhythmusverlust geht zu Lasten des Parasympathikus, die nachhaltig hohe Erregungsstufe des Körpers geht mit einer Dominanz des Sympathikus einher. Folge ist nicht nur eine hohe Erregungsstufe des Gehirns, auch das Herz spielt verrückt: Die wechselnden Zeitabschnitte zwischen den Herzschlägen werden immer kleiner und unregelmäßiger, die Herzfrequenzvariabilität nimmt ab.

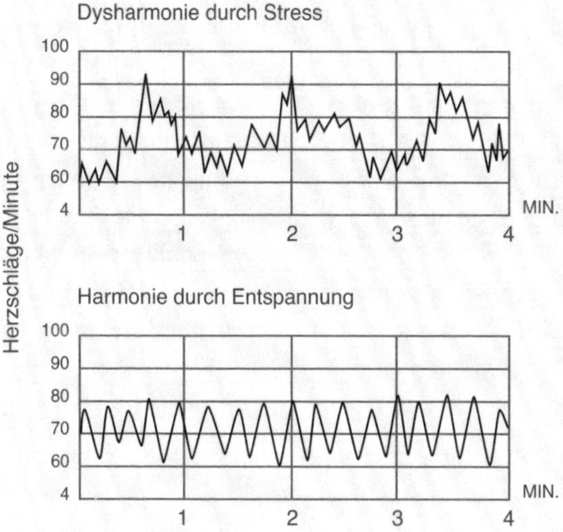

Ungleichmäßiger Pulsrhythmus durch Stress. Gleichmäßiger Pulsverlauf durch Tiefenentspannung im Wechsel zwischen Beschleunigung und Entschleunigung.
(HeartMath Institute Boulder Greek/USA)

Dysharmonie durch Stress/Harmonie durch Entspannung

Allein anhand des veränderten Schlagverhaltens des Herzens in Ruhe kann ein beginnender Burnout-Zustand abgelesen werden, bestimmt von der dominierenden Sympathikus-Präsenz. In diesem Ungleichgewicht hat der Parasympathikus das Nachsehen, der dämpfend in seiner Schlafförderung sowie entzündungshemmend wirkt. Hinzu kommt, dass unser Körper auf eine bestimmte Bettzeit eingestellt ist. Schon eine Verschiebung von 30 Minuten kann nur schwer verkraftet werden. 23 Uhr ist eine Richtzeit, mit der der Mensch leben kann, verschiebt sich dieser Zeitpunkt aber kontinuierlich nach hinten, muss damit gerechnet werden, dass die Schlaftiefe darunter leidet. Die Zeit des Aufwachens am Morgen ist in der Regel eine feste Größe, so dass es entscheidend auf den Einschlaftermin um 23 Uhr ankommt, damit der Mensch zu seinem notwendigen Schlaf kommt.

Burnout wird häufig durch chronische Schlafstörungen eingeleitet. Und wir wissen schon: Entscheidend für die Nacht ist der Wechsel vom Sympathikus zum Parasympathikus; nur über diese Wachablösung wird der Rückgang der Stresshormone Adrenalin und Noradrenalin ermöglicht. In der Nacht hat der Parasympathikus das Sagen, und so kann sich in der zweiten Nachthälfte der Cortisolspiegel wieder erhöhen, damit für die Steigerung der Tagesaktivität am Morgen genügend von diesem Antriebshormon zur Verfügung steht. Hierfür brauchen wir aber genügend Tiefschlaf in der zweiten Nachthälfte. Fehlt uns diese Erholung, herrscht am Morgen eine lähmende Antriebsschwäche, typisch für ein beginnendes Burnout-Syndrom.

Die Startschwäche am Morgen beim Burnout ist Folge einer fehlenden Schlaftiefe in der zweiten Nachthälfte, es fehlt das Antriebshormon Cortisol für diesen Zeitabschnitt.

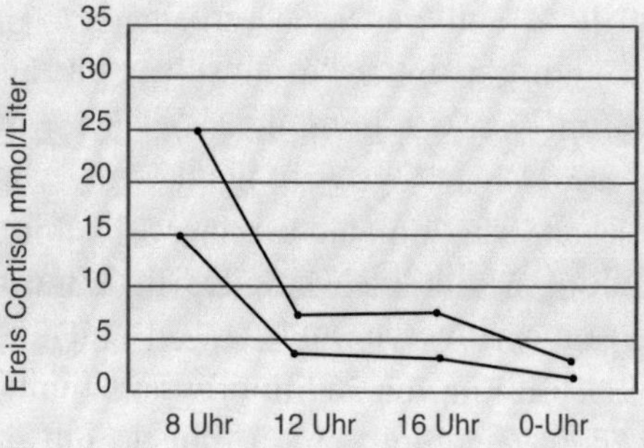

Obere Kurve normaler Verlauf
Untere Kurve Burnout-Verlauf

Neben der Schlaftiefe mangelt es in deutschen Schlafzimmern auch an Dunkelheit; künstliches Licht dringt in jeden Schatten. Absolute Dunkelheit ist aber die Voraussetzung für die Bildung des Einschlafhormons Melatonin aus der Zirbeldrüse. Und auch das Ambiente im Schlafzimmer spielt eine Rolle, denn das Gehirn speichert über das »erinnerte Wohlbefinden« Botschaften aus der Vergangenheit. Einrichtungen mit Gegenständen aus dem Tagesleben wie Radio oder TV, mit aufmunternden Bildern oder Signalfarben haben nichts in Ihrem Schlafzimmer verloren. Machen Sie aus Ihrem Schlafzimmer ein »schlafendes Zimmer«, bei dem schon beim Betreten das Umfeld Sie auf die Nachtruhe einstimmt. Hilfreich ist es allemal, eine weiße Decke durch eine Sternenhimmeltapete zu ersetzen, die nachweislich schlaffördernd wirkt, wie ich mich aus meiner Schulzeit erinnere, als wir Schüler am hellichten Tag bei der Besichtigung eines Planetariums fest eingeschlafen sind.

Dunkelheit und das Ambiente eines »schlafenden Zimmers« machen den Tag zur Nacht – ein schlaffördernder Vorgang.

Die Schlafdauer wird außerdem von dem Aufhellungshormon Serotonin bestimmt, die Schlaftiefe vom Wachstumshormon HGH (Human Growth Hormone). Dieses Hormon spielt während der Wachstumsphase im Kindesalter eine bedeutende Rolle, später beim Energiestoffwechsel, der entscheidend den Muskelaufbau und körperliche Regenerationsvorgänge steuert. Aber auch so wichtige Hormone wie das männliche Geschlechtshormon Testosteron und das Schilddrüsenhormon unterliegen der Nachtsteuerung, und auch das Einschlafhormon Melatonin nimmt Einfluss auf die körperliche Regeneration. Es beeinflusst Stoffwechselrückstände aus den kleinen Energiekraftwerden in den Zellen (Mitochondrien), die aus Fett Zucker und Sauerstoff entstehen lassen.

Unausgeschlafene am Arbeitsplatz vergeuden in der Bewältigung ihres Tagespensums Zeit und Willenskraft. Die Folge: Mehrarbeit durch Überstunden, eine zusätzliche Belastung, die automatisch die Freizeit schrumpfen lässt. Stress-ausgleichender Gesundheitssport ist kaum noch möglich.

Leistungseinbußen durch Schlafstörungen provozieren Überstunden im Beruf, damit schrumpft automatisch der Freiraum der Erholung.

Berufliche Überforderung, fehlender Nachtschlaf, geschlossene Zeitfenster zum Bewegungsausgleich – das ist die prägende Stress-Trias auf dem Weg ins Burnout. Wird in dieser Notlage die Entrhythmisierung des Schlafes nicht durchbrochen, droht der Zusammenbruch der Nebennierenrinde mit ihrer Cortisol-Produktion; Konzentrationsschwächen, Stoffwechselstörungen und Depressionen provozieren eine vermehrte Krankheitsanfälligkeit. Im ersten Stadium dieser Entwicklung greifen die Betroffenen zu legalen Drogen wie Koffein, Schokolade, Alkohol. Wenn aber diese sanften »Medikamente« nicht mehr anschlagen, ist der Weg frei für Psychopharmaka, die jedoch nur so lange wirken, wie sie eingenommen werden. Psychologen gehen vermehrt davon aus, dass diese Tranquilizer eher die Persönlichkeit des Menschen verändern, als dass sie auf Dauer eine wirksame Hilfe darstellen (Servan-Schreiber, Kramer).

Die Stress-Trias berufliche Überforderung, fehlender Nachtschlaf und ein unzureichender Bewegungsausgleich führen auf Dauer ins »Adrenal fatigue«, zu einem Zusammenbruch der Nebennierenrinde mit ihrer Cortisol-Produktion.

Schlafstörungen behindern aber auch die Kommunikation zwischen den Nervenzellen des Gehirns. Hier spielen Botenstoffe als Signalüberträger, sogenannte Neurotransmitter, eine entscheidende Rolle. An erster Stelle sei das schlaffördernde Serotonin genannt, unser sogenanntes Glückshormon. Es wirkt im Bewusstsein aufhellend und somit anti-depressiv. Wird durch den Schlafmangel nicht mehr ausreichend Serotonin gebildet, breiten sich im Gehirn Konzentrationsschwächen in Verbindung mit einer zunehmenden Gedächtnisschwäche aus. Auch das allgemeine Suchtrisiko nimmt zu. Neben all diesen wichtigen Funktionen ist das Serotonin auch die Vorstufe von Melatonin. Und das heißt: Fehlt es an Serotonin, dann fehlt auch das Einschlafhormon. Ein Teufelskreis nimmt seinen Lauf.

Serotonin wird aus der Aminosäure Tryptophan gebildet. Sie ist essentiell, was bedeutet: Der Körper kann sie nicht bilden. Sie kommt in Lebensmitteln wie Geflügel, Milch, Hafer, Bananen, Schokolade (möglichst 70 Prozent Kakaoanteil) vor. Auch die Omega-3-Fettsäuren spielen bei Burnout eine Rolle, sie finden sich angereichert im Seefisch, der möglichst draußen im Meer gefangen wurde. Das Verhältnis Omega 3 zu Omega 6 – Letztere ist besonders im tierischen Fett zu finden – sollte übrigens bei 1 : 5 liegen, beträgt aber aktuell in Deutschland 1 : 20. Wir essen also noch immer zu viele tierische Fette.

Aus Sicht führender Psychologen wie Servan-Schreiber und Kramer ist bei Depressionen/Burnout die Zeit der Psychoanalyse und der Psychopharmaka vorbei. Spannungsabbau durch Meditation ist das Gebot der Stunde.

Tinnitus – innerer Warnschrei vor dem Burnout

War man bislang der Ansicht, störende Ohrgeräusche (Tinnitus) würden allein von den Haarzellen im Innenohr ihren Anfang nehmen, sind nach neuen medizinischen Erkenntnissen Fehlinformationen im Gehirn für den Tinnitus verantwortlich. Aber immer noch bestimmen durchblutungsfördernde Maßnahmen oder gar eine Sauerstoff-Überdrucktherapie das medizinische Handeln. Maßnahmen, die eines gemeinsam haben: Sie richten wenig aus. Bei der Behandlung von Tinnitus ist die Lage ähnlich dramatisch wie bei der des Typ-2-Diabetes. Trotz moderner Hightech-Medizin ist eine Besserung der aktuellen Situation nicht in Sicht.

Drei Millionen Tinnitus-Betroffene gibt es in Deutschland, und die Mehrzahl von ihnen muss sich mit ihrem Schicksal abfinden. Ein ständiges Brummen und Summen ist das beherrschende Körpergeräusch, das alles übertönt, Tag und Nacht, Stunde für Stunde. Bei 800 000 Betroffenen ist das Geräusch im Ohr so stark, dass alle Alltagsklänge davon überlagert werden. Die verzweifelten Therapieversuche in ihren wechselnden Ansätzen können kaum etwas dagegen ausrichten.

Folgen wir jedoch der Ansicht, dass nicht das Innenohr die eigentliche Lärmquelle darstellt, sondern das Gehirn, dann taucht wiederum das »emotionale Gehirn« auf, die eigentliche Gefühlszentrale mit dem limbischen System. In dieser Schaltzentrale werden offensichtlich die störenden Reize negativ interpretiert, so dass sie nicht mehr überhört werden können. Die neuen Therapieansätze liegen ganz im Sinne unserer Vagus-Meditation, geht es primär doch darum, dass die Betroffenen lernen müssen, selbst etwas für sich und gegen das lästige Brummen zu tun. Zunächst heißt das Gebot, die hohe Erregungsstufe des Gehirns durch die Vagus-Meditation herunterzufahren, damit die störenden Geräusche nicht mehr negativ wahrgenommen werden.

Hierbei lernen die Betroffenen, ihre innere Aufmerksamkeit nicht mehr auf das störende Tinnitus-Geräusch zu richten, sondern auf die Vibrationen des Kehlkopfes beim Ausatmen. Über dieses katzenartige Schnurren entstehen die tiefen Frequenzen zwischen 20 bis 40 Hertz, durch die der Parasympathikus nachhaltig stimuliert wird. Unterstützend wirkt in diesem Fall das betonte Ausatmen, das weiter dafür sorgt, dass die Parasympathikus-Aktivitäten verstärkt werden. Dieser Reiz wird dann über den neunten Hirnnerv (Nervus glossopharyngeus), den Zungenkehlkopfnerv, an das »emotionale Gehirn« geleitet. Und hier ist es dann unser Großer Ruhe-Nerv, der Vagus, der die Botschaft an das »Herz- und Bauchgehirn« transportiert. Auf sehr gute Ergebnisse mit der Vagus-Meditation verweist inzwischen der HNO-Spezialist Dr. Dieter Schwarz in Mosbach, der eine Vagus-Sprechstunde für Tinnitus-Patienten eingerichtet hat. Hier kommt bereits ein externes Vagus-Stimulationsgerät zum Einsatz, das die niederen Frequenzen der Kehlkopfvibrationen imitiert, so dass die Patienten noch komplexer den Kehlkopfnerven aktivieren können (Kosten: 60 Euro).

Beim Tinnitus ist der sechste Rettungsanker der Vagus-Meditation mit seinen Kehlkopfvibrationen das Gebot der Stunde.

Im Grunde verfügt jeder Mensch über die eigene Anlage zur Vagus-Meditation, die Begabung, selbstständig im Sinne der Salutogenese (Gesundheitsentwicklung) auch mit dem Tinnitus fertig werden zu können. Diese Tiefenentspannung wirkt praktisch zweigleisig, einmal auf das Innenohr, zum anderen auf die falsche Verarbeitung des Geräusches im »emotionalen Gehirn«. Im Zentrum dieser neuen Therapie gegen den Tinnitus stehen nicht teure externe Neurostimulatoren, die bis zu 2700 Euro kosten, gefragt sind auch keine transkraniellen Magnetstimulatoren oder die elektrische Reizung des Vagus-Nerven, sondern ursächliche Strategien im Sinne der Salutogenese.

> Der Weg gegen Tinnitus führt über den Großen Ruhe-Nerv. Eingeleitet durch den Zungen-Kehlkopfnerv, fortgesetzt durch den Vagus, der die Tiefenentspannung nicht nur an Herz, Lunge und Bauchraum führt, sondern speziell auch an Gehirn und Innenohr.

Geist kontra Materie – Medizin am Scheideweg

Wie konnte es nur geschehen, dass Burnout trotz des hohen Standards der Medizin zu einer neuen Volkskrankheit wurde? Was hat die moderne Hightech-Medizin nicht alles erreicht! Die Infektionen konnten mit der Entdeckung des Penizillins unter Kontrolle gebracht werden, wenn auch nur vorübergehend. Durch flächendeckende Impfaktionen wurde den Kinderkrankheiten ihre tödliche Gefahr genommen. Und vergessen wir nicht die hohe Leistungsfähigkeit der Chirurgie, die in der Lage ist, Herzen zu transplantieren, Gelenke auszutauschen und in mikroskopischer Kleinarbeit abgetrennte Gliedmaßen wieder zu reimplantieren. Mit größter Hochachtung wollen wir diese Erfolge würdigen. In der Behandlung der chronischen, stressbedingten Erkrankungen steht diese Hochleistungsmedizin jedoch vor einem Rätsel.

Die Antwort auf dieses Rätsel liefert uns die Quantenphysik, die exakt beweisen kann, dass lebendige Prozesse nicht allein materiellen Ursprungs sind und nicht ausschließlich von Atomen oder von der Körperzelle gesteuert werden. Damit vollzogen Albert Einstein, Max Planck, Niels Bohr, Werner Heisenberg, Hans-Peter Dürr und andere einen Kameraschwenk weg von der Körperzelle oder vom Atom, hin zum »geisterfüllten« Raum der Leere, zum Vakuum, das vom Spannungszustand des Energie- und Informationsfelds bestimmt wird. Und genau hier liegt die Lösung des Problems der modernen Medizin, die fest davon überzeugt ist, dass die Gesundheit des Menschen primär vom Gedeih und Verderb der Körperzelle abhängt. Chemische Analysen in Zusammenhang mit weitreichenden Röntgenverfahren bestimmen eine Therapie, die ausschließlich auf die Körperzelle ausgerichtet ist, aber die Situation des wichtigen Energie- und Informationsfeldes im Vakuum nicht berücksichtigt. Sicher gibt es die Tranquilizer mit ihrer Entspannungswirkung auf die Körperzelle, sie erreichen aber kaum das Energie- und Informationsfeld, weisen erhebliche Nebenwirkungen auf und wirken nur so lange, wie sie auch eingenommen werden.

Nach wie vor wird die westliche Medizin von der Virchow'schen Zellularpathologie bestimmt, die besagt, dass Leistung und Gesundheit des Menschen entscheidend von der Körperzelle abhängen – eine Doktrin, die bei den stressbedingten chronischen Erkrankungen nicht mehr stimmt.

Geist kontra Materie, so lautet aus Sicht der Naturwissenschaften das Gebot der Stunde, und inzwischen geht man sogar so weit, die Materie in Frage zu stellen und den kleinsten Baustein dieser Welt nach der Stringtheorie eher mit einer schwingenden Geigensaite zu vergleichen als mit festen Bestandteilen. Hören wir hierzu den Kernphysiker Hans-Peter Dürr vom Münchener Max-Planck-Institut:

»Das Lebendige ist das Ganze. Es gibt keine Teile, die Welt ist nichts Festes, wenn man die Wirklichkeit verstehen will, muss man die Hände öffnen, nicht greifen, sondern begreifen, man erkennt das Geistvolle, man erkennt die Liebe.«

In diesen komplexen Systemen gibt es eine dauerhafte

Verbindung von allem mit allem. Wechselseitige Beziehungen bestimmen die vier Grundkräfte, die für ständige Veränderungen durch Energiefelder sorgen:

- Gravitationskraft
- Elektromagnetische Kraft
- Schwache Kernkraft
- Starke Kernkraft

Für die Physik ist also die Materie in ihrer beherrschenden Stellung längst überwunden, nicht aber für die Medizin und nicht für die Psychologie, die den Paradigmenwechsel von der Materie zum elektromagnetischen Energie- und Informationsfeld noch immer nicht vollzogen haben. In der Kernaussage geht es um die Entdeckung des Unsichtbaren, um die Anerkennung des nicht Greifbaren. Unter dem Elektronenmikroskop dieser Wissenschaftler verflüchtigten sich die materiellen Dinge in einem fast leeren Raum, der nur noch von Rhythmus, Schwingungen und Energietransfer bestimmt wird, eine Dimension ohne Grenzen zwischen Mikro- und Makrokosmos. Wir Menschen sind fest in dieses Beziehungsgeflecht eingebunden, ausgerüstet mit einem Bewusstsein, das uns in die Lage versetzt, in Verantwortung auf unseren Körper, aber ebenso auf die Umwelt mit allen Seinsformen einen entscheidenden Einfluss ausüben zu können. Überwunden ist die mechanische Weltsicht eines Newton oder Galilei in ihrer geschlossenen und begrenzten Räumlichkeit einseitiger, linearer Prozesse.

Nicht das Atom oder die Körperzelle sind die ursprünglichen Bausteine dieser Welt. Am Anfang steht als kleinste Manifestation des Irdischen eine »vibrierende Geigensaite«, die nach der Stringtheorie die prägende Darstellung des globalen Energie- und Informationsfeldes darstellt.

Dieses Energie- und Informationsfeld ist eine grundsätzlich andere Erscheinungsform als die uns so vertraute materielle Welt. Es ist nicht greifbar, nicht sichtbar. Auch unsere menschlichen Sinne reichen nicht aus, um in diesen unendlich kleinen Mikrokosmos eindringen zu können. Alles, was der Mensch aber nicht sehen, nicht »begreifen« kann, wird gerne in die Welt der Mystik, der Spekulation oder Esoterik verwiesen. An sich durchaus verständlich, denn der Mensch lebt nun einmal mit seinen Sinnen in seiner realen Gegenständlichkeit, vordergründig von Materie geprägt, die man sehen, fassen, riechen und auch schmecken kann. Materie hat ein bestimmtes Gewicht, und wenn sie selten ist und dabei noch glänzend wie Gold in Erscheinung tritt, dann ist es überaus schwer, sich ihrer Faszination zu entziehen. Von seiner Grundprägung her ist der Mensch Materialist, wahrhaft existent gilt ihm, was man sehen und anfassen kann. Gold hat Kolumbus in die Neue Welt getrieben, jedes Krisenszenario ist am Goldpreis abzulesen, und diese Botschaft ist aktueller denn je!

Das ist die gegenwärtige Realität! Jedoch bahnt sich ein Prozess an, der in den nächsten Jahren zu revolutionären Veränderungen im Bewusstsein der Menschen führen wird. Geist kontra Materie lautet die Devise – oder freundlicher formuliert: Geist verändert Materie. Denn der rasante Fortschritt auf dem Gebiet elektromagnetischer Felder wird das bisherige naturwissenschaftliche Denken grundsätzlich verändern. Nicht allein der »chemische Mensch« steht im Blickpunkt des wissenschaftlichen Denkens, ihm gleichwertig an die Seite gestellt wird der »elektromagnetische Mensch«, der in seinem Spannungszustand im Raum der Leere einen entscheidenden Einfluss auf die Körperzelle nimmt. Durch einen komplexen Spannungsabbau ist plötzlich jeder Einzelne von uns in der Lage, die Wirkung des körpereigenen Energie- und Informationsfeldes entscheidend zu beeinflussen. Erst in einem zweiten Schritt tritt dann die Körperzelle in Erscheinung, die hierdurch ihren Energiestoffwechsel optimieren kann. Harmonie als Zustand der Kohärenz ist dann die Basis für einen gesunden Stoffwechsel in der Körperzelle, die zu voller Stärke in Gesundheit und Leistung auf den Plan treten kann. Damit stehen wir vor einem Paradigmenwechsel im Gesundheitswesen! Plötzlich erscheint nicht mehr allein der Arzt in seinem therapeutischen Handeln im Zentrum, ihm gleichwertig an die Seite gestellt wird der Patient, dem endlich bewusst geworden ist, dass er alles besitzt, was er braucht, um Gesundheit in Verbindung mit Leistung im Sinne der Salutogenese auf ein hohes Niveau führen zu können.

Im Gegensatz zur Körperzelle und zum Atom tritt das Energie- und Informationsfeld beim Menschen grundsätzlich anders in Erscheinung. Jeder Mensch trägt jedoch die Begabung in sich, diese umfassende Kraftquelle durch komplexe Entspannungsstrategien neu zu entdecken. Jede Pflanze gehorcht dem natürlichen Prinzip der Selbstorganisation, der Salutogenese in der Medizin vergleichbar. Optimal ausgerichtet auf das Sonnenlicht können die Lebewesen nach Höherem streben. Dem »chemischen Menschen« muss daher der »elektromagnetische« in seiner neuen Dimension gleichwertig an die Seite gestellt werden. Und diese neuen Dimensionen sind erstaunlich:

- Der elektromagnetische Körper ist unteilbar und unberührbar.
- Das Energie- und Informationsfeld oszilliert ständig in wechselnder Intensität, Farbe, Form und Lage.
- Das Feld ist 100 Millionen Mal kleiner als der Atomkern.
- Seine Geschwindigkeit ist gewaltig, 300 000 km in der Sekunde, damit erreicht es das Millionenfache der Geschwindigkeit von Molekülen und Sinnesreizen.

- Die Wellen können sich durch Überlagerung entweder auslöschen oder bis zu einem Tsunami steigern.
- Es gibt keine Trennung zwischen dem chemischen und dem elektromagnetischen Körper.
- Hohe Stellung der Emotionen im elektromagnetischen Körper.
- Der grundsätzlich andere Energietransfer ermöglicht schöpferische Prozesse analog zur logarithmischen Spirale, in denen das Ganze mehr ist als die Summer ihrer Teile, in Zahlen ausgedrückt ist es dann möglich, dass $1 + 1 = 3$ ergibt.

Diese Aufzählung dürfte genügen, um uns begreifen zu lassen, mit welch gewaltigem Potenzial wir es hier zu tun haben und dass die moderne Medizin in der Behandlung der chronisch stressbedingten Erkrankungen darauf in keiner Weise verzichten kann. Doch was sind die Konsequenzen? Was bedeutet es, wenn die Menschen wieder lernen und begreifen, ihren Körper neu zu entdecken, ihn in seinen entscheidenden Funktionen zu beherrschen und die natürliche Selbstorganisation der Salutogenese vor die symptomatisch-medizinische Behandlung zu stellen? Es ist geboten, dem materiellen Therapieansatz den psychosomatischen gleichwertig an die Seite zu stellen.

Stress und Burnout stellen damit eine völlig neue Herausforderung in der Medizin dar. Als Chirurg bin ich fest davon überzeugt, dass wir die neuen Aufgaben unserer Gegenwart nur dann meistern werden, wenn wir beide Ansätze miteinander verbinden: Das heißt, dass wir primär einen Spannungsabbau im Raum der Leere für das optimale Fließen des Energie- und Informationsfeldes anstreben. Und erst in einem zweiten Schritt ist therapeutisches Handeln bei Stress und Burnout gefragt, damit die Körperzelle alles erhält, was sie zu ihrer Gesundung braucht – falls diese Therapie dann überhaupt noch erforderlich ist.

David Servan-Schreiber und Peter D. Kramer haben hinsichtlich der Depression geschrieben: »In der Behandlung der Depression ist die Zeit der Psychoanalyse und der Psychopharmaka vorbei.« So weit möchte ich nicht gehen, denn ich bin der Meinung, dass nach wie vor die schwere endogene Depression nicht ohne Medikamente unter Kontrolle gebracht werden kann. Und es gibt gute Ansätze der pharmazeutischen Forschung, neue Medikamente werden getestet, um den Betroffenen nachhaltig helfen zu können.

Eine wichtige Notiz zum Nachdenken

Eine aktuelle Untersuchung der Universität Ulm bei 1089 Teilnehmern des letztjährigen Kongresses der Deutschen Gesellschaft für Psychiatrie, Psychotherapie und Nervenheilkunde in Berlin, die zum Nachdenken darüber führen muss, wie stressbelastet nicht nur die Gesellschaft, sondern ebenso die Protagonisten ihrer Behandlung sind:

42 Prozent der anwesenden Psychiater und Psychotherapeuten hatten mindestens eine depressive Phase hinter sich.

20 Prozent der Teilnehmer hatten zum Zeitpunkt der Befragung eine akute Depression.

23 Prozent hatten schon einmal versucht sich umzubringen.

In der Behandlung der exogenen Depression allerdings, des Burnout-Syndroms, der Herz-Kreislauf-Erkrankungen mit dem Typ-2-Diabetes und der modernen Berufskrankheit RSI (angeführt vom Mausklick-Syndrom) gibt es motivierende Hoffnungssignale, die durch einen allgemeinen Spannungsabbau erreicht werden können, wie im Buch vorgestellt:

- Die Vagus-Meditation mit ihren sieben Rettungsankern gegen Stress und Burnout
- Atemgesteuertes Ausdauertraining im aeroben Bereich gegen Herz-Kreislauf-Erkrankung und gegen den Typ-2-Diabetes
- Gegenschwung-Stretching und Antagonistentraining gegen Muskel-Sehnen-Gelenk-Erkrankungen und gegen die moderne Berufskrankheit RSI
- Meditation & More als die Zusammenfassung all dieser Strategien, damit der Große Ruhe-Nerv, der Vagus, sich permanent gegen den Stressnerven Sympathikus durch die komplexe Stimulation aller Parasympathikus-Aktivitäten behaupten kann

Diese komplexe Stimulation aller Parasympathikus-Aktivitäten durch den Großen Ruhe-Nerv ist die neue Medizin der Hoffnung, die den Einzelnen motiviert, seine Gesundheit in die eigene Hand zu nehmen, stündlich, täglich, ein Leben lang.

2. Kapitel

Der Große Ruhe-Nerv – der Initiator der schnellen Tiefenentspannung

Der Mensch verfügt mit seinem willkürlichen Nervensystem über Nervenbahnen, die bewusst angesteuert werden können, wenn zum Beispiel der Bizeps den Arm beugen soll. Über unseren Willen sind wir dann in der Lage, Befehlssignale an den entsprechenden Bewegungsapparat zu senden. Gewisse Organsysteme im Körper schließen allerdings diese bewusste Programmierung aus. Denken Sie etwa an das Herz: Sie sind nicht auf Anhieb im Stande, Ihren Puls zu verändern, das ist die Domäne des vegetativen Nervensystems. Vegetativ heißt es deshalb, weil wichtige existentielle Vorgänge wie Wachstum, Fortpflanzung, Herzschlag dieser Steuerung unterliegen.

Das vegetative, autonome Nervensystem ist für den Menschen existentiell! Es unterliegt dem Sympathikus und dem Parasympathikus und entzieht sich unserer willkürlichen Steuerung, es funktioniert also unwillkürlich.

In diesem System stellen sich Sympathikus und Parasympathikus als ungleiche Brüder dar. Ersterer ist der Stürmische, der »nach vorn Drängende«, der Kämpfer. Der zweite ist der Sanfte, der Beruhiger, der Versorger. Der eine reagiert auf jeden äußeren Reiz in Sekundenschnelle, der andere agiert wie ein Gentleman, den man regelrecht in Szene setzen muss.

Das parasympathische Nervensystem verteilt sich im ganzen Körper. Dabei bildet es im Halsbereich und in der Nähe des Kreuzbeins ein engmaschiges Geflecht, einmal den Plexus cervicalis, zum anderen den Plexus sacralis. Der wichtigste Nerv im parasympathischen System ist der Vagus, der zehnte Hirnnerv, der Vagabund unter den Nerven, weil er in seiner Wanderung durch den Körper praktisch überall anzutreffen ist. Er ist der eigentliche Kommunikator zwischen dem Gehirn, dem Herzen mit der Lunge und dem gesamten Bauchraum, wenn man den absteigenden Dickdarmteil ausklammert, der vom sacralen Plexus versorgt wird. Aus gutem Grund spreche ich von Vagus-Meditation, weil jede Tiefenentspannung von der Steuerung des Vagus bestimmt wird, er versetzt uns in Ruhe, Stille und Entspannung, er ist der wahre Große Ruhe-Nerv.

> Der Vagus, der Vagabund unter den Nerven, ist der eigentliche Zeremonienmeister jeder Meditation, sei sie nun fernöstlicher oder westlicher Prägung. Der Vagus ist der wichtigste Nerv im parasympathischen System, er ist unser Großer Ruhe-Nerv.

Der Stressnerv Sympathikus steht bildlich für eine tobende Brandung, der Große Ruhe-Nerv hingegen für den Eindruck »Still ruht der See« – ein Bild der Meditation, wenn sich auf dem stillen Wasser die Sterne spiegeln. Der Sympathikus steuert den Kampf-Flucht-Reflex, übertragen von den Neurotransmittern (Botenstoffen) Adrenalin und Noradrenalin. Beim Parasympathikus ist es das Acetylcholin. Unter Alarmbedingungen aktiviert der Sympathikus sofort das gesamte Herz-Kreislauf-System, ist die Gefahr überstanden, bewirkt der Parasympathikus in der Erholungsphase die Erneuerung der verlorenen Energien. Die Bezeichnung »Vagus-Meditation« ist neuro-physiologisch gewählt, denn nur der Vagus als zehnter Hirnnerv kann Gehirn, Herz, Lunge, Magen-Darm-Trakt nach Stress wieder in die Erholung führen.

Das Leben in dieser Welt ist auf ein natürliches Umfeld angewiesen, bestimmt von rhythmischen Vorgängen im Wechselspiel der Gegensätze zwischen Tag und Nacht, Sommer und Winter, eine ständige Veränderung, die das Wachstum bestimmt. Die Zielrichtung in dieser schöpferischen Spirale ist ein Zustand der Ausgewogenheit, der Kohärenz, welcher in der Medizin mit Homöostase umschrieben wird. Nur im Wechselspiel zwischen Anspannung und Entspannung unter Leitung des Sympathikus wie des Parasympathikus kann der menschliche Organismus in ein gesundes Gleichgewicht zurückkehren. Die Welt ist also voller Gegensätze, und für jeden von uns geht es darum, permanent diesen wechselnden Herausforderungen gewachsen zu sein. Für die rhythmische Spiralkinetik ist die logarithmische Spirale die Metapher, die zum einen in ihrem Zahlenaufbau dem explodierenden (exponentiellen) Wachstumsprozess der Natur entspricht, zum anderen in der optimalen Aufteilung ihrer Proportionen nach dem »Goldenen Schnitt« ebenso für Schönheit und Vollkommenheit steht. Denken Sie nur an den Frühling nach einem harten Winter, wie die Landschaft in Pracht und Fülle erstrahlt. Natürliche Schönheit und ein Wachstum in Sprüngen stehen auch für die Aussage aus der Bionik, dass das Ganze immer mehr ist als die Summe seiner Teile. Durch ihr Kraftpotenzial ist die logarithmische Spirale das häufigste Energiekonzept, in der Natur ebenso wie im menschlichen Organismus. So geht es uns Menschen, wenn wir uns konstruktiv mit der Bipolarität dieser Welt auseinandersetzen. Die schöpferische Spirale kennt keinen Stillstand, wir müssen uns ständig von einem Extrem zum anderen auf den Weg machen. Dabei gilt für das Verweilen in der einen oder anderen Extremposition eine genaue »Zeit-Raum-Regel«, Zeit und Raum für den Tag wie für die Nacht, ebenso für Stress und Burnout in einem ständigen Wechselspiel zwischen Anspannung und Entspannung. Das sind die Zeichen für einen natürlichen Rhythmus, für eine Lebensordnung, ohne die ein erfülltes Leben nicht vorstellbar ist.

Die schöpferische Spirale in ihrer Zielrichtung ist immer identisch mit der Grundorientierung unseres Lebens, die da lautet: Harmonie, Gesundheit, Glück, Werte, Sinn, Glaube. An dieser bipolaren Gegensätzlichkeit des Lebens gibt es nichts zu rütteln, jedoch müssen wir uns ständig auf den Weg machen von einem Extrem zu anderen, Stillstand kann es nicht geben. So können wir schwere Erfahrungen überwinden und müssen an Katastrophen nicht zerbrechen. An Erfahrungen reicher, beginnt der Aufstieg in der schöpferischen Spirale der Erkenntnis.

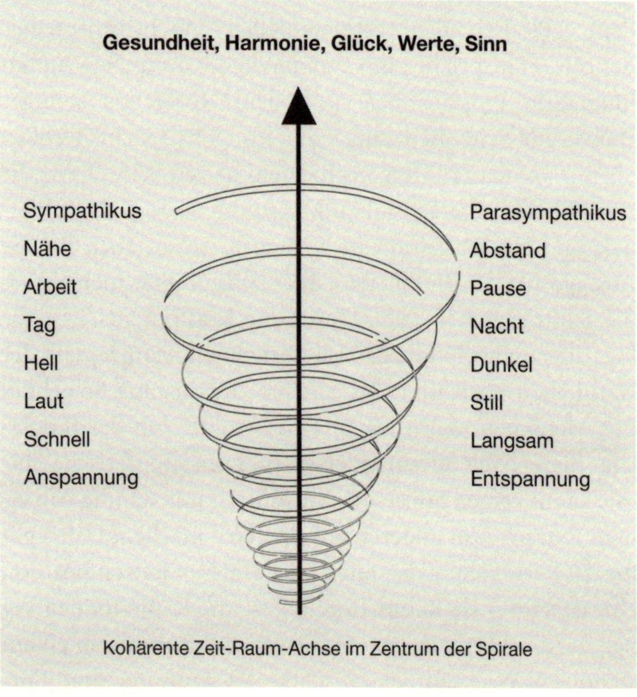

Auch in der Natur ist die logarithmische Spirale das prägende Energiekonzept, optimal dargestellt durch ein Schneckengehäuse, von dem schon Leonardo da Vinci begeistert war. Sie wächst nicht linear gleichmäßig, ihr Raum vergrößert sich vielmehr explosionsartig, exponentiell nach den Regeln der Selbstähnlichkeit. Dabei sind durch ihre harmonische Gestaltung, die zum »Goldenen Schnitt« tendiert, ihre Proportionen ein Vorbild an Schönheit. Nach diesen Vorgaben hat Leonardo seine »Mona Lisa« entstehen lassen, ein unvergängliches Kunstwerk, von dessen Ausdruckskraft die Menschen bis heute in ihren Bann gezogen sind.

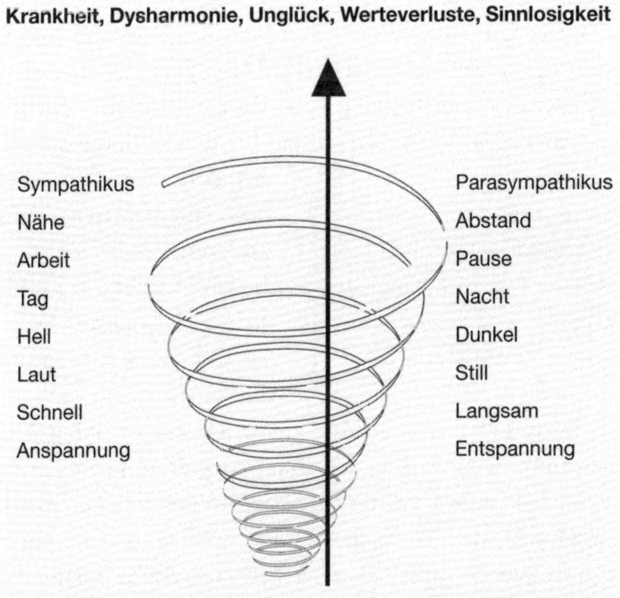

Krankheiten und Dysbalancen durch die Verlagerung der Zeit-Raum-Achse

Bereits im Buch Kohelet des Alten Testaments (Prediger 3, 1–8) wird die Erkenntnis in der aufsteigenden Lebensspirale mit plastischen Worten beschrieben:
»Alles im Leben hat seine Zeit. Geboren werden und sterben, einpflanzen und ausreißen, töten und Leben retten, niederreißen und aufbauen, weinen und lachen, wehklagen und tanzen, Steine werfen und Steine aufsammeln, sich umarmen und sich aus der Umarmung lösen, finden und verlieren, aufbewahren und wegwerfen, zerreißen und zusammennähen, schweigen und reden. Das Lieben hat seine Zeit und auch das Hassen, der Krieg und der Frieden.«

Auf diesem Weg der Lebensspirale ständig wechselnder Gegensätze kann es keinen Stillstand geben, ich sagte es bereits. Der Quantenphysiker und Meisterschüler des Nobelpreisträgers Werner Heisenberg, Hans-Peter Dürr, spricht in diesem Zusammenhang von »Passierchen« im Zentrum der Lebensspirale, so dass wir gut beraten sind, uns ständig auf den Weg zu machen von einem Extrem zum anderen. Denn Stillstand bedeutet nicht nur Krankheit, Stillstand auf Dauer ist Tod. Diese Aussage gilt für jedes Alter, auch für das letzte Lebensdrittel. Aus gutem Grund ist daher Entspannung in einer Zeit ständiger Anspannung mit völlig neuen Maßstäben zu messen. Hierhin gehört auch Bewegung im Ausdauerbereich, weil im Stressalltag bei computergestützter Sitzarbeit dem Menschen jegliche Form einer ausgleichenden Aktivität inzwischen verloren gegangen ist.

Bewegung ist das Zentrum der Lebensspirale von einem Extrem zum anderen. Leben ist Bewegung im Rhythmus, Stillstand ist das Ende aller Dinge.

Auch das vegetative Nervensystem ist auf Rhythmus eingestellt. Auf der einen Seite der Spirale finden wir den Sympathikus, den vorwärts drängenden Stressnerv, und auf der Gegenseite den Entspannungsnerv Vagus des parasympathischen Systems, der uns nach der Belastung in die erholsame Regeneration führt. Burnout ist nichts anderes als eine Schieflage, ein Ungleichgewicht zwischen diesen beiden ungleichen Brüdern, weil dem Stressnerv zu viel Raum und Zeit auf Kosten des Entspannungsnervs eingeräumt wird. Diese stressbedingte Dysbalance geht mit einem deutlichen Energieverlust aller Körperzellen einher, der bis zu einem 20-prozentigen Sauerstoffdefizit ansteigen kann. Hiervon betroffen sind die Gewebsabschnitte, die schon im Normalzustand besonders empfindlich auf ein Sauerstoffdefizit reagieren. Schon wenige Sekunden der Durchblutungsunterbrechung genügen, um erste Schäden bei Gehirnzellen auszulösen:

- Der hochaktive Herzmuskel wird über die Herzkranzgefäße mit Sauerstoff versorgt, aber nur für den kurzen Moment der Entspannung während der Diastole bis zum Beginn der nächsten Anspannung (Systole). In dieser Systole wird der Herzmuskel für einen kurzen Moment von der Sauerstoffversorgung abgeschnitten. Je schneller jetzt ein Herz in Ruhe schlägt, wie das für nicht Ausdauertrainierte zutrifft, umso mehr energieverbrauchende Systolen finden in der Zeit statt, eine Energiekrise des Herzmuskels ist die Folge.
- Die kraftübertragenden Sehnen zwischen Muskel und Gelenk sind permanent in einer bestimmten Sauerstoffunterversorgung. Entsteht jetzt durch eine monotone Belastung, z.B. Tastenposition der Hände am PC, eine regionale Stressspannung, so geraten die Sehnenzellen in eine Sauerstoffkrise, und schmerzhafte Muskel-Gelenkbeschwerden (wie beim Karpaltunnelsyndrom) treten

regional in Erscheinung. In dieser Bewegungskette ist nicht der gut durchblutete Muskel das schwächste Glied, sondern die schlecht durchblutete Sehne (bradytrophes Gewebe), die im Körper am Ende der Sauerstoffversorgungsleitung liegt. In der Medizin spricht man, vergleichbar mit der Landwirtschaft, von »weiten Wiesen«, die aufgrund ihrer extremen Lage schlecht bewirtschaftet werden können.

> Das Gehirn, der Herzmuskel und die kraftübertragende Sehne sind die Gewebsabschnitte, die durch ihre empfindliche Sauerstoffversorgung bevorzugt auf die sympathikusinduzierte Stressspannung reagieren. Chronisch stressbedingte Erkrankungen wie Burnout, Herz-Kreislauf-Erkrankungen und die Berufskrankheit RSI sind die Folgen.

Der Vagus alias Großer Ruhe-Nerv – Dirigent des parasympathischen Entspannungssystems

Der wichtigste Nerv des Parasympathikus ist also der zehnte Hirnnerv, der Vagus, unser Großer Ruhe-Nerv. Es gibt zwölf Hirnnervenpaare, die im Gesichts-Halsbereich verlaufen. Drei von ihnen, dem dritten, siebten und dem neunten, soll unsere Aufmerksamkeit gehören, da in ihnen neben motorischen auch parasympathische Fasern verlaufen. In der Verbindung zu diesem Trio spielt der zehnte Hirnnerv, der Vagus, eine Sonderrolle in seiner Funktion als der alles beherrschende Große Ruhe-Nerv. Hirnnerven sind nach außen verlagertes Hirngewebe, also besondere Reizüberträger, die Informationen komplexer weiterleiten als gewöhnliche, periphere Nerven. Ihre Kunst besteht darin, motorische Funktionen eng mit Entspannungsreaktionen zu verbinden. Aktiviert man in diesem Zusammenhang die Augen, die Zunge oder den Kehlkopf in besonderer Weise, wird dadurch gleichzeitig eine Tiefenentspannung des Herzens, der Lunge, des gesamten Bauchraumes sowie in der Muskel-Sehnenkette ausgelöst. Es findet also eine komplexe Signalübertragung auf einer Nervenbahn statt, in die die totale Tiefenentspannung mit eingeschlossen ist.

Die zentrale Schaltstation in dieser Informationskette ist der Hirnstamm, die Übergangsregion des Rückenmarks zum Gehirn. Hier befindet sich auch das Kerngebiet des Vagus. Auf diesem »Rangierbahnhof« ist der Große Ruhe-Nerv befähigt, die Entspannungsbotschaft aus der Peripherie des dritten, fünften und neunten Hirnnervs aufzunehmen, um sie danach an Herz, Lunge und den größten Teil des Bauchraumes weiterzuleiten, weil die Kerne dieser Hirnnerven eng beieinanderliegen. Der *dritte Hirnnerv* ist der motorische Augennerv (Nervus oculomotorius). Motorische Fasern verlaufen gemeinsam mit parasympathischen vom Ziliarmuskel aus, der den Krümmungsradius der Linse bei der Fern- und Naheinstellung steuert und somit für das Zoomen des Auges bei der Akkommodation verantwortlich ist. Bei der Naheinstellung der Augen sind die innenseitigen Augenmuskeln gefragt, die ebenfalls vom Parasympathikus angesteuert werden. Diese Muskeln steuern die Nasenschau, die seit Generationen in Klöstern bei der Meditation praktiziert wird, wenn zur Einleitung der Entspannung die Nasenspitze über mehrere Sekunden anvisiert wird. Neben dem Ziliarmuskel ist auch der Pupillenschließmuskel (Musculus sphincter pupillae), der bei Lichteinfall die Pupille verengt, an den Parasympathikus angeschlossen. Die parasympathi-

> *Der dritte, siebte und der neunte Hirnnerv können Bewegungsimpulse aus der Gesichts-Halsregion mit Tiefenentspannung kombinieren, die der Vagus, der Große Ruhe-Nerv, an Herz, Lunge, Bauchraum, Muskulatur überträgt. Das klingt phantastisch, es funktioniert auch so!*

schen Fasern des motorischen Augennervs entspringen im Hirnstamm aus dem Edinger-Westphal-Kern. Umgeschaltet im Ganglion ciliare erreichen sie danach den Ziliarmuskel zur Nahakkommodation und den Pupillenschließmuskel zur Engstellung der Pupille bei Helligkeit. Licht, Naheinstellung in der Akkommodation und Augenpressur aktivieren über den dritten Hirnnerv den Parasympathikus. Im Hirnstamm umgeschaltet auf den Großen Ruhe-Nerv, wird dann die Tiefenentspannung ans Herz, an die Lunge und den größten Teil des Bauchraumes gefunkt (siehe Abb. Seite 101).

Der *siebte Hirnnerv* (Nervus facialis) ist ein weiterer wichtiger motorischer Gesichtsnerv, der wesentlich über den seitlichen Schläfenmuskel um die Augen herum bestimmt wird und das »Lachen mit den Augen« steuert. Bei fröhlichen Menschen bringt dieser Nerv die strahlenden Gesichter hervor, die im vorgerückten Alter in die sympathischen Lachfalten seitlich an den Augen übergehen. In einem russisches Sprichwort werden die Augen als die »Fenster der Seele« betrachtet, und Antoine de Saint-Exupéry schreibt in »Der kleine Prinz«: »Man sieht nur mit dem Herzen gut.« Der siebte Hirnnerv mit seinen parasympathischen Fasern schaltet im Hirnstamm auf den Vagus um, der dann auf dem bereits geschilderten Weg die Information direkt ins Herz senkt, dem Zentrum unserer Persönlichkeit und der Wahrheit. Jetzt wissen wir, warum die Wahrheit immer an den Augen abgelesen werden kann, denn: »Augen lügen nicht.« Ein Poker-Face wird schon an den Augen erkannt. Geradezu fatal und entstellend sind die Folgen einer Facialis-Parese, wenn dieser wichtige Hirnnerv gelähmt ist. Die betroffene

Lachen mit den Augen ist die wahre Botschaft des Herzens. Augen lügen nicht, das ermöglichen der siebte Hirnnerv und der Große Ruhe-Nerv dank ihrer Verschaltung zwischen dem »emotionalen Gehirn« mit dem »Herzgehirn«.

Gesichtshälfte fällt dann wie ein abgestützter Fels nach unten, so dass das ehemalige »Lachen mit den Augen« sich in die Bestürzung tiefer Trauer verliert.

Der *neunte Hirnnerv* (Nervus glossopharyngeus), der Zungen-Kehlkopfnerv, steuert motorisch und parasympathisch die Zunge sowie den Kehlkopf. Bei der Meditation geht die Tiefenentspannung immer von der Atmung aus, die diesen Bereich miterfasst. Nur während des Ausatmens dominiert der Parasympathikus, das Einatmen ist bereits wieder die Sache des Sympathikus. Das Ausatmen in seiner Entspannungswirkung kann durch Kehlkopfvibrationen, was sich wie Schnurren anhört, betont werden. Gefragt sind dunkle Klangschwingungen zwischen 20 und 40 Hertz. Wenn Katzen schnurren, vibriert ihr Kehlkopf zwischen 25 und 44 Hertz, wie englische Veterinärmediziner nachweisen konnten. Dabei sind sie tief entspannt, ohne jedoch zu schlafen. Bereits kurz nach der Geburt schnurren die kleinen Kätzchen bei ihrer Mutter. Sie setzen ihr Schnurren aber nicht nur bei Zuneigung und Wohlbehagen ein, Katzen schnurren auch bei Schmerzen und kurz vor ihrem Tod.

Wenn man so will, ist das Singen eine Steigerung des Schnurrens. Beides geht nur bei betontem Ausatmen unter gleichzeitiger Vibration des gesamten Kehlkopfes mit seinen Stimmbändern, wodurch die Stimulation der parasympathischen Fasern im Zungen-Kehlkopfnerv noch gesteigert wird. Jetzt wissen wir aus Sicht der Neuro-Physiologie, warum Singen so gesund ist, ebenso wie Lachen in seiner explosionsartigen Entladung: Das Entspannungssignal geht in der ersten Stufe an den

Im Zentrum der Vagus-Meditation steht die Atmung unter besonderer Betonung des Ausatmens mit seinen parasympathischen Aktivitäten. Durch Kehlkopfvibrationen, durch das Schnurren, Summen, Singen, Lachen senkt der neunte Hirnnerv das Entspannungssignal direkt ins Herz.

Hirnstamm, hier erfolgt die Umschaltung auf unseren Großen Ruhe-Nerv, der dann die Information an Herz, Lunge sowie Bauchraum weiterleitet. Auch bei der buddhistischen Meditation stehen dunkle Kehlkopfvibrationen im Zentrum der Tiefenentspannung, die oft über Stunden in ständiger monotoner Wiederholung ablaufen, wie ich es wiederholt bei Mönchen in Vietnam beobachten konnte.

Denken ist ebenso wie Fühlen reine Kopfsache, obwohl in unserer Kultur die Persönlichkeit nicht im Gehirn, sondern im Herzen angesiedelt ist. »Ich liebe dich von ganzem Herzen« ist die Offenlegung unserer tiefsten Empfindungen. Die deutsche Sprache hat viele Herzensbotschaften, jeder Brief endet mit herzlichen Grüßen. Warum eigentlich? In Asien lautet dieselbe Aussage »Ich liebe dich mit ganzer Leber«, weil im fernen Osten die Persönlichkeit vom Bauch bestimmt wird. Verantwortlich für dieses Verhalten ist wiederum unser Großer Ruhe-Nerv, der Informationen aus dem Hirnstamm direkt an Herz und Bauch senden kann. Die Botschaft kommt aus dem Hirnstamm, zu dem auch das limbische System gehört. In diese Schaltzentrale laufen über die Hirnnerven die Sinnesinformationen ein, die entscheidend unsere Gefühle bestimmen, so dass diese Hirnbasis auch gern als »emotionales Gehirn« bezeichnet wird.

Der dritte, siebte und neunte Hirnnerv und das parasympathische System senden das motorische Entspannungssignal in einem gemeinsamen Nerv an das »Emotionale Gehirn«, hier umgeschaltet auf den Vagus wird die Entspannung dann weitergeleitet an das »Herz-Bauch-Gehirn«. Abb. modifiziert nach Frank H. Netter: Atlas der Anatomie.

EMOTIONALES GEHIRN

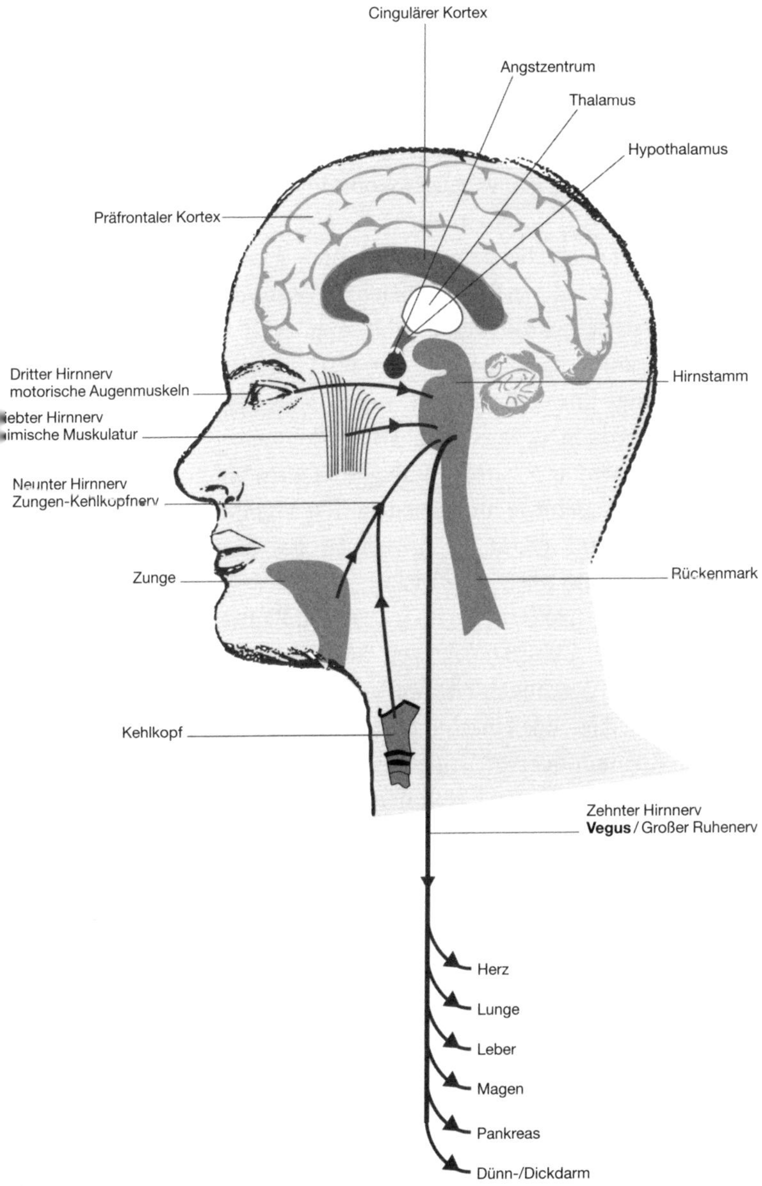

Emotionales Gehirn – Herzgehirn – Bauchgehirn

Das »emotionale Gehirn« existiert aber nicht für sich allein, es kommuniziert zum einen mit unserer Denkzentrale im Stirnhirn (präfrontaler Kortex), zum anderen über große Nervengeflechte mit Herz, Lunge und dem größten Teil des Bauchraumes. Man kann also von den Gehirnen im Gehirn sprechen. Der eigentliche Kommunikator in dieser Szene ist der Vagus, unser Großer Ruhe-Nerv. Denn nur er ist in der Lage, das »Herzgehirn« und auch das »Bauchgehirn« mit dem »emotionalen Gehirn« in Verbindung zu setzen. So lässt sich endlich eine Erklärung dafür finden, dass unser gesamtes Gefühlsleben eng mit dem Herzen zusammenhängt und auf welchem neuro-physiologischen Weg Entscheidungen »aus dem Bauch heraus« getroffen werden können. Der Große Ruhe-Nerv ermöglicht es, dass das »Bauchgehirn« mit seinen ca. 100 Millionen Neuronen mit den 100 Milliarden Nervenzellen des Zentralen Nervensystems aktiviert werden kann, so dass wichtige Empfindungen aus der Tiefe des menschlichen Raums bis an das »emotionale Gehirn« gelangen können. Das ist die Leistung dieses gewaltigen Netzwerks. Dabei gilt es zu berücksichtigen, dass jede einzelne Nervenzelle wiederum über 100 000 Verbindungen zu anderen Nervenzellen verfügt. Ein ständiges Geben und Nehmen von Informationen in diesem »Sternenhimmel der Neuronen« ist die Folge. Wobei der Große Ruhe-Nerv den Dirigenten in der Schaltzentrale der Entspannung im »emotionalen Gehirn« darstellt. Der Große Ruhe-Nerv vereinigt also im »emotionalen Gehirn« das »Herzgehirn« mit dem »Bauchgehirn« – ein emotionaler Kreislauf, in dem Körper, Seele und Geist ihre Erfüllung finden.

Der Entspannungsimpuls erreicht also über die Hirnnerven drei, sieben und neun aus der Peripherie der Kopf-Halsregion die Schaltzentrale des »emotionalen Gehirns«, den

Hirnstamm mit dem limbischen System, von dem aus wichtige Körperfunktionen wie Atmung, Herzarbeit, Hormonhaushalt, Immunsystem, Schlaftiefe und Libido reguliert werden. Der präfrontale Kortex ist in seinem kognitiven Verhalten im Gegensatz zur inneren Beziehung des »emotionalen Gehirns« mehr nach außen gerichtet, von hier aus wird unser rationales Denken in Verbindung mit der Sprache gesteuert, auch unser moralisches Verhalten in Verbindung mit der sozialen Ausrichtung des Einzelnen findet hier seinen Ursprung. So gesehen kennt das limbische System unseren Körper sehr genau und kann durch die Anbindung an den Parasympathikus in Sekunden auf geringste Spannungsschwankungen im Körper reagieren.

Über Jahrhunderte hinweg hat man dem kognitiven Gehirn mit betonter Schulung der Intelligenz absolute Priorität eingeräumt, ein kopflastiges Ausbildungssystem, das immer noch gilt. Aus Sicht der Psychologie wird diese Doktrin vermehrt in Frage gestellt, und das Leben scheint dem Recht zu geben. Dem französischen Psychologen Alfred Binet (Anfang des 20. Jahrhunderts) ist der Intelligenzquotient zu verdanken, ein Testverfahren, das logisches und abstraktes Denken erfasst. Es zeigt sich jedoch im Laufe des Lebens, dass ein gutes Abitur nicht unbedingt der Garant für einen Karrieresprung ist. Peter Salovey (Yale-University) und John D. Mayer (University of New Hampshire) ist es zu verdanken, dass dem IQ der EQ (Emotionsquotient) an die Seite gestellt wurde, bestehend aus:

- der Fähigkeit, den eigenen Gefühlszustand und den Zustand anderer zu erkennen,
- der Fähigkeit, den Ablauf natürlicher Gefühlsäußerungen zu verstehen,
- der Fähigkeit, die eigenen Gefühle und die Gefühle anderer zu beurteilen,

- der Fähigkeit, nicht nur mit den eigenen, sondern auch mit den Gefühlen anderer richtig umzugehen.

Inzwischen ist man zu einer grundlegend anderen Bewertung von IQ und EQ gekommen. Der EQ wird höher bewertet, gerade seine Rolle für unser weiteres berufliches Leben wird als entscheidender angesehen als die des IQ. In Zahlen ausgedrückt lautet das Verhältnis:

> Der Intelligenzquotient IQ beeinflusst die Erfolgsleiter in unserem Leben zu 20 Prozent, dagegen erreicht der emotionale Quotient EQ 80 Prozent, gesteuert aus dem »emotionalen Gehirn« heraus.

Diese Zahlen sind geradezu sensationell, und sie stellen nicht nur unser gesamtes Denken, sondern die Weiterbildung unserer Intelligenz auf den Prüfstand. Sicher, wir dürfen diese Aussage nicht isoliert stehen lassen, das wirkliche Leben ist immer mehr als die Betrachtung einzelner Zahlen. Natürliche Vorgänge sind immer ein komplexes, einheitliches Geschehen. Aktuell ist daher der DQ, der Durchsetzungs-Quotient, der aus der Verbindung von IQ und EQ hervorgeht und somit wohl der Realität am nächsten kommt. Dabei zeigt das wirkliche Leben, dass es leichter ist, körperliche Grenzen zu überwinden, als emotionale.

Das »emotionale Gehirn« spannt seinen Bogen weit über das Zentrale Nervensystem hinaus. Über den Großen Ruhe-Nerv steuert es die drei großen Nervengeflechte:

- Das parasympathische Herzgeflecht (Herzplexus) überwacht das Herz-Kreislauf-System mit Blutdruck, Herzfrequenz und Herzminutenvolumen.

- Das parasympathische Lungengeflecht (Lungenplexus) bestimmt Atemfrequenz und Atemtiefe.
- Das parasympathische Magen-Darmgeflecht (Magen-Darmplexus) unterhält nachhaltig die gesamte Magen-Darmpassage, aber auch die wichtigen Funktionen der Bauchspeicheldrüse, der Nieren, der Milz und der Leber.
- Der Dirigent in diesem inneren Orchesters ist der Große Ruhe-Nerv, ausgehend vom »emotionalen Gehirn« wird ihm das »Herz- und Bauchgehirn« an die Seite gestellt.

Warum gibt es kein Lungengehirn? Ich glaube, die Antwort ist einfach: weil die Lunge sich aus unserem Gefühlsleben heraushält. Liebe, Freude und Begeisterung finden sofort ihren Rückschlag im Herzen, das bei Freude springen und hüpfen kann. Eine solche Gefühlsäußerung ist der Lunge fremd. Wichtige Entscheidungen unseres Lebens »aus dem Bauch heraus« kann man gut verstehen, weil man weiß, dass Neuronen nicht nur im Kopf, sondern auch tief in unserem Bauch anzutreffen sind. In diesem Zusammenspiel ist das »emotionale Gehirn« nicht nur ein Sender, der seine Informationen an das »Herz- und Bauchgehirn« schickt, umgekehrt laufen die Botschaften auch zurück zur Entspannungszentrale; nur so können nach Bauchentscheidungen auch Taten folgen. Der Mensch fühlt und empfindet mit dem Herzen, die Wahrheit kommt aus dem Herzen, sie kann an den Augen abgelesen werden. Jetzt kennen wir die neuro-physiologischen Wege, wie man nur mit dem Herzen gut sehen kann.

Die sieben Rettungsanker gegen Stress-Burnout!

Wie ein Schiff der schweren Brandung, ist der Mensch den Stürmen im Stressalltag ausgeliefert. Und er kann nur den Rettungsankern vertrauen, die ihm im Notfall Halt geben. Mit dieser Hoffnung kann er leben, sie verleiht ihm neue

Kraft, um zu überleben. Im Moment der höchsten Gefahr muss jedoch schnell gehandelt werden, und das mit hoher Wirksamkeit, will man in den Fluten nicht untergehen. Das können Rettungsanker leisten, das kann in der stürmischen Situation bei Stress und Burnout der Große Ruhe-Nerv! Schnell und wirksam, darauf kommt es im Zeitalter permanenter Beschleunigung an, denn alles können Menschen in ihrem hohen Tempo leisten, nur warten können sie nicht. Sie haben die Geduld verloren, und die Stille wirkt wie eine Botschaft aus einer anderen Welt, die in der Online-Gesellschaft nicht mehr verstanden wird. Meditation ist das Schweigen abseits vom täglichen Trubel in einsamen Klöstern – für die meisten stressgeplagten Zeitgenossen eine völlig fremde Welt, die sie weder begreifen noch aushalten können. Völlig ausgebrannt, ist der Mensch nicht mehr in der Lage, sich auf ein fremdes Terrain zu begeben, ebenso wie Betroffene in einer tiefen Depression. In dieser Notlage kann der Helfer noch so viel vom hellen Sonnenschein erzählen, der Notleidende sieht die Sonne nicht. Was er braucht, ist die Barmherzigkeit eines Menschen, der zu ihm in das »Tal der Tränen« hinabsteigt, ihm die rettende Hand gibt, damit er mit dieser Unterstützung wieder nach oben ans Licht gelangen kann. Nichts anderes möchte ich mit den sieben Rettungsankern erreichen! Menschen in Burnout-Gefahr brauchen eine schnelle, wirksame Hilfe, die leicht verfügbar ist und die in allen Lebenslagen situationsgerecht praktiziert werden kann.

Der Große Ruhe-Nerv ist die Haltekette von sieben Rettungsankern, die schnell, hochwirksam, vor allem aber situationsgerecht im Stressalltag ausgeworfen werden können, neuro-physiologisch begründet und damit frei von jeder weltanschaulichen Prägung.

Der Große Ruhe-Nerv mit den sieben Rettungsankern ist der Einstieg in eine komplexe Tiefenentspannung, die aber nicht die gesamte Bandbreite der klassischen Meditation umfasst. Die Vagus-Meditation verfügt in ihrer horizontalen Ausrichtung über alle Register einer wirksamen Tiefenentspannung, wobei die tiefsten Bereiche der Erkenntnis und der Erleuchtung der senkrechten Dimension der Kontemplation überlassen werden. Bei den sieben Rettungsankern geht es primär um den Abbau einer hohen Stressspannung auf geistig-körperlicher Ebene, den Übergang vom Beta- in den Alphazustand geistiger Aktivität. Ausschlaggebend ist der Erregungszustand der Gehirnwellen, ausgehend vom Wach- oder Tagesbewusstsein mit Betawellen zwischen 30 und 15 Hertz, die auf Alphawellen zwischen 15 und 7 Hertz abgesenkt werden können, dem Zustand der Vertrautheit gelöster Ruhe in der Tiefenentspannung mit folgender Wirkung:

- Ausblendung negativer Gedanken mit ihren Sorgen und Ängsten und Abbau der hohen Dichte zentral zu verarbeitender Sinnesreize
- Beruhigung des gesamten Herz-Kreislauf-Systems mit Absenkung der Herzschlagzahl, des Blutdrucks, Verlangsamung und Vertiefung der Atmung
- Abbau schmerzhafter Muskelverspannungen besonders im Rücken
- Bis zu 20 Prozent höheres Sauerstoffangebot mit sekundärer Leistungssteigerung
- Verbesserung der sozialen Kompetenz
- Die Konzentration bewirkt ein aufbauendes Körpergefühl der allgemeinen Freude und Begeisterung, verursacht durch das Glückshormon Dopamin, das bis zu 65 Prozent gesteigert werden kann (Kjaer et al. 2002).

Seit 2500 Jahren ist Meditation bekannt, und wir wissen von neun Stufen der Versenkung. Die Stufen 5 bis 8 führen in den Bereich der Erkenntnis, die letzte, neunte Stufe ist ausschließlich der Erleuchtung vorbehalten. Der Große Ruhe-Nerv entwickelt seine Dominanz in die Stufen 1 bis 4, die Stufen des Wissens. Durch Achtsamkeit und Gleichmut gehen wir hier auf Distanz zu all unserer Erfahrung. Wir nehmen bewusst Abstand von unseren Erwartungen, unseren Wünschen, die nur selten mit der Wirklichkeit in Übereinstimmung gebracht werden können. Im Vordergrund steht eine besondere Form des Loslassens: Wir betrachten die Welt um uns herum, so wie sie nun einmal ist, ohne sie zu bewerten. Wir geben uns ganz dem Glücksgefühl des Dopamin-Schubs hin. In dieser Phase zündet der Große Ruhe-Nerv all seine Register: Sauerstoff durchflutet den Körper, eine angenehme Wärme ergreift von uns Besitz.

Das Augenmerk der Vagus-Meditation richtet sich also auf die ersten vier Stufen des Wissens mit ihrem Schwerpunkt auf körperlich-geistiger Gesundheit. Diese vier Stufen sind durch ihre horizontale Dimension ausgewiesen. Erst durch die tiefere Versenkung des Geistes wird die senkrechte Ausrichtung der Meditation ermöglicht. In dieser Kontemplation in senkrechter Dimension geht es um die weiteren vier Stufen, die, wie schon gesagt, der Erkenntnis zugeordnet sind, gekrönt von der letzten, der neunten Stufe, in der es um die absolute Wahrheit geht. Laut Viktor Frankl geht es in dieser Zielorientiertheit der Kontemplation nicht um Macht- oder Lustgewinn, sondern um die Sinnerfüllung unseres Lebens, um die Beantwortung der Frage nach den eigentlichen Werten, die das Leben so lebenswert machen.

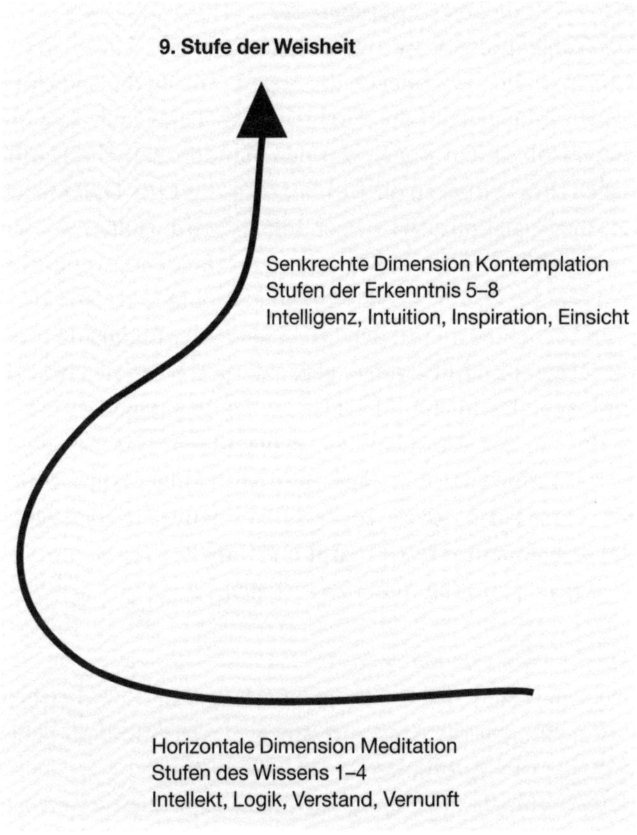

Die 9 Stufen der Meditation. Dieses Buch beschäftigt sich mit den Stufen 1 bis 4, dem Bereich des Wissens. Die Stufen 5 bis 9 sind der Kontemplation vorbehalten.

> Achtsamkeit, Gelassenheit, Kreativität, Glücksgefühle durch Tiefenentspannung, das ist die Domäne des Großen Ruhe-Nervs mit seinen sieben Rettungsankern.

Erster Rettungsanker: Augenpressur

Die Augenpressur ist optimal geeignet bei langer Bildschirmarbeit. Sie schließen die Augen, stützen die Arme mit beiden Ellbogen auf der Tischfläche ab, dabei bedecken Sie die geschlossenen Augen mit den Handflächen, die Handballen drücken gegen die Jochbögen, so dass der Handdruck auf die Augen nur zart vorgenommen wird. Halten Sie den zarten Druck mehrere Minuten. Zur Handentlastung drehen Sie die Handrücken dem Gesicht entgegen. Jetzt drücken Sie behutsam mit den Streckseiten der Endglieder beider Zeige- und Mittelfinger gegen die geschlossenen Augen, die beiden Daumen finden Halt an den Jochbögen.

Ein zweiter Pressurpunkt ist die äußere Nasenscheidewand, die Sie zwischen Zeige- und Mittelfinger komprimieren. Diese Form der Nasenpressur können Sie wiederholt in das »Cinema interne«-Programm einfließen lassen, um die Tiefenentspannung weiter zu vertiefen.

Aus der Praxis für die Praxis

Mehrmals täglich über Minuten bei langer Bildschirmarbeit empfiehlt sich die Augenpressur alle zwei Stunden, dabei genügen wenige Minuten in jeder Sitzung.

Zur schnellen Erholung nach dem Lauftraining und zur Entspannung der Rückenmuskulatur und der Achillessehnen gehen Sie in die tiefe Entspannungshocke. In diesem Fersensitz mit festem Fersenkontakt der Füße am Boden findet eine optimale Meniskus- und Kniescheibenentlastung statt, da beide Kniegelenke nach vorne scharnierartig ausgerichtet sind. So vermeiden Sie die schädliche Außenrotation. In dieser Haltung erfolgt eine spezielle Rücken- und Achillessehnendehnung, vor allem aber eine optimale Erweiterung des oft eingeengten Spinalkanals in Höhe der Lendenwirbelsäule (siehe »Natürlich gesund«, Verlag Herder). Zusätzliche Rückenentspannung kann durch gleichzeitige Augenpressur erreicht werden. Dabei liegen beide Ellbogen auf den Kniegelenken, und die Handballen drücken zart gegen die geschlossenen Augen. Wenn Sie die freie Hocke in dieser Form noch nicht können, weil Sie wegen der verkürzten Achillessehnen nach hinten fallen, praktizieren Sie die tiefe Entspannungshocke vor einer Wand, den Rücken nach hinten abgestützt, das Becken schwebt wenige Zentimeter über dem Boden.

Zweiter Rettungsanker: »Cinema interne«
Sie schließen die Augen und schauen Ihr eigenes Auge an. Zunächst erscheint alles schwarz, in wenigen Sekunden nimmt das Schwarz bestimmte Konturen an. Sie sehen ein helleres Grau hinter den Oberlidern von hinten und unterscheiden das dunklere Grau der Unterlider. Interessant wird dieser innere Film bei hellerem Lichteinfall vor einem sonnendurchfluteten Fenster oder im Bett bei einer 100-Watt-Nachttischlampe. Plötzlich tauchen Farben auf, die sich ständig verändern, das ganze Sonnenspektrum über Gelb, Rot, Blau, Violett, Grün kann Ihre Aufmerksamkeit binden, es ist ein ständiges Kommen und Gehen der Farben. Wiederholt erscheinen die »fliegenden Mücken«, die »Mouches volantes« der Franzosen. Dabei handelt es sich um kleine Einschlüsse im Augenwasser. Gehen Sie mit den Augen auf Jagd, versuchen Sie, die schwarzen, kleinen Punkte mit den Augen einzufangen, was nicht immer leicht gelingt. Verstärkend in der Wahrnehmung der Farben wirkt wiederholte Augenpressur über Sekunden, beim Abnehmen der Handflächen von den geschlossenen Augen treten unmittelbar brillante Farbmuster vor die geschlossenen Augen.

Aus der Praxis für die Praxis
Mittags zwischen 13 und 14 Uhr gerät der Mensch in sein biologisches Tief. Ob am Arbeitsplatz, auf Reisen oder zu Hause, Sie sind angewiesen auf 15 bis 20 Minuten Vagus-

Meditation. Das »Cinema interne« eignet sich hervorragend, um am Nachmittag noch einmal neu durchstarten zu können. Der Körper braucht diese kurze Zeit der Erholung, wenn das Leistungsniveau für den restlichen Tag hochgehalten werden soll. Setzen Sie sich vor ein lichtdurchflutetes Fenster oder vor eine Lampe und schalten Sie auf Ihren inneren Film um. Nachts, bei Schlafstörungen, ist es zunächst die ungewohnte Umstellung auf die Farbe Schwarz, die sich aber von Mal zu Mal leicht verändert. Sie geht in ein zartes Blau bis Grün über. Wenn Sie allein schlafen, können Sie natürlich temporär mit dem Licht der Nachttischlampe fokussieren.

Dritter Rettungsanker: Zoomen mit den Augen

Beim Zoomen mit den Augen geht es darum, das Auge in seiner Nah-Fern-Einstellung zu schulen. Insbesondere bei der Nahakkommodation lernen wir, Doppelbilder abzurufen. Zu Beginn üben Sie das Vorgehen, indem Sie den Zeigerfinger senkrecht vor die Nasenspitze halten. Jetzt fixieren Sie die Nasenspitze und bewegen gleichzeitig den Zeigefinger von der Nase weg. Wenn Sie Nasenspitze und Finger zusammen betrachten, erkennen Sie zwei Zeigefinger. Schnell werden Sie darin Erfahrung sammeln und sind bald in der Lage, jeden Gegenstand in Ihrer Umgebung mit den Augen zu verdoppeln, Bilder an der Wand, Gegenstände auf dem Tisch, sogar Lampen in weiter Entfernung.

Die neuro-physiologische Basis der Nah-Fern-Akkommodation sowie des »Cinema interne«-Programms ermöglichen es dem Auge, sowohl Gegenstände in der Nähe wie in der Ferne scharf zu erkennen. Erforderlich ist eine Änderung der Brechkraft der Linse, die bei der Ferneinstellung durch die Anspannung sogenannter Zonulafasern ermöglicht wird. Hierbei ist der steuernde Ziliarmuskel entspannt, die Brechkraft ist herabgesetzt. Die Nahakkommodation wird durch die Anspannung des Ziliarmuskels erreicht, die

Zonulafasern entspannen sich, und die Linse kugelt sich auf. Ihre Brechkraft nimmt zu, die Nasenspitze ist erkennbar. Ein zweiter Vorgang steuert die Engstellung der Pupille bei Lichteinfall über den Pupillenschließmuskel (Musculus sphincter pupillae). Dieser Muskel ist bei Lichteinfall angespannt, die Pupille verengt sich. Das ist die neuro-physiologische Grundlage zum einen für das »Cinema interne«-Programm in Zusammenhang mit Licht, zum anderen für das Akkommodationstraining bei der Naheinstellung der Augen. Die Entspannungsreaktion wird vom motorischen Augennerv (Nervus oculomotorius) gesteuert, der sowohl bei der Nahakkommodation über die Anspannung des Ziliarmuskels als auch bei Lichteinfall durch die Erregung des Pupillenschließmuskels aktiviert wird. Die stimulierten parasympathischen Entspannungsfasern der Ziliarmuskeln sowie der inneren Augenmuskeln bei der Nahakkommodation und der Schließmuskeln der Pupille bei Lichteinfall sind dem Nervus oculomotorius zugeordnet, der das Entspannungssignal zunächst an das kleine Ganglion ciliare hinter dem Auge sendet. Hier umgeschaltet erreicht dann der Nervenreiz das Edinger-Westphal-Kerngebiet im Hirnstamm. Und in einer erneuten Umschaltung sind es dann die Vaguskerne, die die Botschaft an den zehnten Hirnnerv (unseren Großen Ruhe-Nerv) übermitteln. Dieser entscheidende Nerv ist es dann, der das Signal praktisch an den größten Teil des Körpers sendet, an das Herzgeflecht, an den Lungenplexus und an den Bauchraum, den absteigenden Dickdarm und den Enddarm ausgeschlossen. Über das spezielle Training der kleinen Augenmuskeln variiert sogar die Größe des Auges in drei entscheidenden Bereichen:

- Veränderung der Brechkraft der Linse zwischen Kugel- und Flachform, die durch die verstärkte Aktivität des Ziliarmuskels ausgelöst wird.

- Verengung der Pupille durch Lichteinfluss über die Schließmuskel des Auges.
- Vergrößerung und Verkleinerung des gesamten Augapfels über die verstärkte Aktivität der äußeren Augenmuskel durch die wechselnde Sichteinstellung, dabei sind es speziell die inneren Augenmuskeln, die ebenfalls parasympathische Fasern aufweisen.

Das ist die neuro-physiologische Grundlage für die Tiefenentspannung durch Nahakkommodation über Doppelbilder und durch das »Cinema interne«-Programm in Zusammenhang mit Licht (siehe Abb. Seite 101).

Aus der Praxis für die Praxis

Gegen die »Ungeduld des Nicht-warten-Könnens« verdoppeln Sie ein Bild an der Wand eines Wartezimmers mit den Augen. Mit zunehmender Entspannung weichen die Bilder kontinuierlich nach außen ab. Wenn Sie jetzt noch mit den Augen eine Achtertour um die Bilder verfolgen, so dass um jedes Bild eine Schleife entsteht, wird die Tiefenentspannung zunehmend intensiver.

Diese Übung bewährt sich übrigens auch beim Zahnarzt, wenn Sie an der Decke einen Orientierungspunkt fixieren, den Sie verdoppeln können. Vielleicht geben Sie Ihrem Zahnarzt den Rat, über dem Behandlungsstuhl an der Decke ein Bild anzubringen. Seine Patienten werden es ihm danken, weil sie viel entspannter auf den Bohrer reagieren. Die Methode wirkt außerdem hervorragend gegen eine aufkommende Platzangst in der engen Röntgenröhre, denn direkt über Ihrem Kopf befindet sich ein kleiner Gegenstand, den Sie leicht verdoppeln können. Auch Ihre Badewanne wird zu einer echten Wellness-Oase, wenn Sie an das Fußende eine brennende Kerze stellen, so dass zu der wohligen Wärme des Wassers das Glücksgefühl des Großen Ruhe-

Nervs von Ihnen Besitz ergreift. Sie brauchen nur ein Doppelbild vom Licht der Kerze abrufen. Auch in der Sauna ist diese Form der Tiefenentspannung möglich, wenn Sie in der tiefen Entspannungshocke, mit dem Rücken zur warmen Holzwand, ein Doppelbild von der kleinen Lampe abrufen. Neben dem Rücken entspannt sich der ganze Körper, und auch die Hitze kann Ihnen kaum noch etwas anhaben.

Eine schnelle Phase der Tiefenentspannung ist auf diesem Wege selbst bei der Bildschirmarbeit möglich, indem Sie sich in Ihrem Stuhl bequem zurücklehnen und dabei gleichzeitig ein Doppelbild von der Bildfläche Ihres PC abrufen. Konzentrieren Sie Ihren Blick bei vorliegendem Doppelbild auf den freien Spalt zwischen den Bildschirmen, der sich mit zunehmender Entspannung kontinuierlich erweitert. Die Entspannung verstärkt sich zusehends, wenn Sie jetzt noch mit den Augen eine Achtertour um die beiden Bildflächen ablaufen lassen. Hierdurch werden alle äußeren Augenmuskeln aktiviert, die bei langer Bildschirmarbeit nur noch einseitig kanalisiert eingestellt sind. Diese Doppelbildentspannung funktioniert sogar in den wenigen Sekunden an der roten Ampel, indem Sie von der Heckpartie des vorderen Autos oder auch von der roten Lampe ein Doppelbild abrufen. Atmen Sie zugleich betont aus, nutzen Sie wiederholt diesen kurzen Verschnaufer im schnellen Straßenverkehr.

Vierter Rettungsanker: Lachen mit den Augen

Sorgen und Ängste, aber auch eine lange Bildschirmarbeit lassen gern über der Nasenwurzel die bekannte Zornesfalte entstehen, die mit Recht alle fürchten. Diesen Hautwulst über der Nasenwurzel, inzwischen auch für den Spannungskopfschmerz verantwortlich gemacht, wird von einzelnen Chirurgen sogar auf operativem Wege durchtrennt. Einfacher geht's mit dem vierten Rettungsanker. Über das Lachen mit den Augen durch Anspannung der beiden Schläfenmuskeln glätten Sie die Stirn, die Zornesfalte verliert ihre tiefen Furchen. Bei diesem Vorgehen verschieben Sie gleichzeitig die Kopfhaut einschließlich der Augenbrauen, möglicherweise auch die Ohren von oben nach unten. Sie wackeln also mit den Ohren, ein Vorgehen, das Sie über Sekunden wiederholt in Ihr »Cinema interne«-Programm einfließen lassen können.

Aus der Praxis für die Praxis

Das Aktivieren der Schläfenmuskeln beim Lachen mit den Augen kann als kurze und wiederkehrende Episode entweder beim »Cinema interne« oder bei den folgenden Kehlkopfvibrationen umgesetzt werden. Natürlich trägt auch spontanes, fröhliches Lachen zu einer Egalisierung der Zornesfalte über der Stirn bei. Ein Mensch mit einer fröhlichen Grundstimmung weist bereits bemerkenswert aufhellende Gesichtszüge auf, und die Lachfalten um die Augen herum tragen wesentlich zur fröhlichen Grundstimmung bei. Auch die Stellung der Mundwinkel nimmt Einfluss auf den Gesichtsausdruck, wobei geschürzte Lippen in ihrer willentlichen Steuerung eher aufgesetzt wirken. Schon früh begreifen Kinder die Wirkung des Schmollmundes, wenn sie auf einen Hinweis der Mutter auf Distanz gehen wollen – eine bewusste Steuerung der Willenszentrale des präfrontalen Kortex, die nicht mit dem »emotionalen Gehirn« in Zusammenhang steht. Das Lachen mit den Augen ist dagegen das Signal des Großen Ruhe-Nervs, eine Botschaft der Aufrichtigkeit, die direkt aus dem Herzen kommt. Auf diesem Kanal wird auch die Botschaft »Augen lügen nicht« gesteuert. Aus dem »emotionalen Gehirn« heraus stellt der Große Ruhe-Nerv die Verbindung zum »Herzgehirn« her.

Fünfter Rettungsanker: Zungenstretching
Sie schieben die Zunge im Mund maximal nach vorn, dann rollen Sie die Zungenspitze nach oben ein und heften sie an den oberen, harten Gaumen. In dieser Stellung verstärken Sie die Zugkraft, dass Sie es bis in den Zungengrund hinab spüren. Die Entspannung erfasst die Halsregion bis in das Innenohr hinein. Auf diese Weise stimulieren Sie den Zungenkehlkopfnerv, der die Verbindung in die Schaltzentrale der Entspannung im »emotionalen Gehirn« herstellt.

Aus der Praxis für die Praxis
Vor Ihrem nächsten Auftritt, wann immer Sie etwas Wichtiges zu sagen haben, praktizieren Sie unauffällig in wenigen Sekunden Ihr Zungenstretching. Sie werden staunen, wie leicht Ihnen die Worte zu Munde gehen. Eine Methode, die speziell Radiosprechern empfohlen werden kann. Auch Sänger vor ihrem Auftritt können von dem fünften Rettungsanker profitieren.

Zungenstretching in Kombination mit »Cinema interne« oder Kehlkopfvibrationen hat bereits sehr gute Erfolge bei der Behandlung von Tinnitus gezeigt. Die Halsregion mit Innenohr und Gehirn wird einer speziellen Tiefenentspannung zugeführt, zugleich nimmt die Durchblutung zu. Optimal ist die Kombination von Zungenstretching mit »Cinema interne«. Beim Einatmen konzentrieren Sie sich auf das Licht hinter den Augen, dabei praktizieren Sie Ihr Zungenstretching. Beim Ausatmen achten Sie auf die schnurrenden Vibrationen des Kehlkopfes.

»Cinema interne« mit Zungenstretching beim Einatmen, Kehlkopfvibrationen beim Ausatmen: neue Hoffnungssignale der Tinnitus-Behandlung.

Sechster Rettungsanker: Kehlkopfvibrationen

Die körperliche Leitschiene ist die Atmung: Das ist allen Meditationstechniken gemeinsam, damit die volle Aufmerksamkeit nach innen auf die Mitte des Körpers gerichtet werden kann. Wir atmen konsequent mit geschlossenem Mund durch die Nase ein und aus, und wir versuchen, das Geschehen auf den Bauchraum zu konzentrieren. Damit unser Denken eine wertneutrale Orientierung findet, um von den vielen Informationen des Stressalltags abgelenkt zu werden, richten wir zunächst die volle Aufmerksamkeit auf die Atmung in ihrem natürlichen Fließverhalten, alles ohne jeden Zwang. Mit zunehmender Entspannung erleben wir, dass unsere Existenz zum einen vom Loslassen beim Ausatmen, zum anderen vom Festhalten beim Einatmen bestimmt wird. In der Vagus-Meditation hat das Ausatmen absolute Priorität, es darf durchaus doppelt so lange dauern wie das Einatmen. Wir wissen: Nur das Ausatmen ist die Domäne des Parasympathikus, schon beim nächsten Einatmen tritt bereits der Sympathikus wieder auf den Plan, denn jede Schrecksekunde wird vom Einatmen bestimmt.

Bei der Meditation atmen wir also konzentriert durch die Nase ein und aus. Allein das entspannt, weil die Nasenschleimhaut eine starke parasympathische Anbindung aufweist. Der beste Beweis ist der explosionsartig aufgebaute und überaus entspannende Niesreflex, bei dem der Luftstrom während des Ausatmens die höchste Intensität erfährt. Initial kündigt sich der Niesreflex mit einem Reiz in der Nasenschleimhaut an, begleitet von einem kontrollierten Einatmen, das in der Regel über die Silbe »Ha« akustisch wahrgenommen wird. Das ist der erste Teil des Niesvorganges in seiner Vorbereitung auf die Entspannung. Jetzt geht alles überfallartig: Parasympathisch gesteuert, explodiert das Ausatmen regelrecht, geschossartig drängt der Luftstrom nach außen, lauthals trompetet durch das hell klingende

Neben dem »Okulo-Ziliar-Reflex« durch Augenpressur ist der Niesreflex der zweite »Expresszug« der Tiefenentspannung.

»Tschiiiiii« in hohen Frequenzen, so dass durch den Parasympathikus-Reiz sogar Tränen in den Augen aufsteigen können. Die enge parasympathische Verschaltung der Hirnnerven im Gesicht zwischen dem motorischen Augennerven, der Nasenschleimhaut und dem Zungen-Kehlkopfnerv geht auch aus der Tatsache hervor, dass ein verzögerter Niesreiz akut ausgelöst werden kann, wenn man kurz ins Sonnenlicht blickt. In Bayern ist man schon lange der positiven Entspannungswirkung des Großen Ruhe-Nervs auf der Spur, empirisch natürlich, wie in der klassischen Meditation. Früh hat man die Reizwirkung des Schnupftabaks entdeckt, vergleichbar der Augenpressur mit den Händen, um sich dem akuten Glücksgefühl durch das Schnupfen hinzugeben – glückliches Bayern!

In der Vagus-Meditation gebührt also dem Ausatmen absolute Priorität. Um dies zu unterstützen und um das Ausatmen bewusst zu verlängern, können wir in den Luftstrom den kontrollierten Widerstand durch Kehlkopfvibrationen einbauen. Erfahrungen mit dieser Atemtechnik konnten bereits in der Medizin bei der Asthmabehandlung gewonnen werden. Man arbeitete hier mit der sogenannten »Lippenbremse« durch den spaltförmig geöffneten Mund. Ein verstärkter, aber kontrollierter Atemwiderstand war die Folge, durch den das Ausatmen automatisch verlängert wurde. Kehlkopfvibrationen wirken dagegen umfassender durch die gleichzeitige Stimulation des Zungenkehlkopfnervs, weil die Atemhilfsmuskulatur (Zwerchfell, Musculi scaleni, als seitliche Rippenheber in der Halsregion) intensiver in die Atmung einbezogen wird. Das ist die Voraussetzung für die später einsetzende tiefe Bauchatmung, die sich nur durch eine intensive Parasympathikus-Wirkung frei entfalten kann. Gefragt sind also Kehlkopfvibrationen, was bedeutet, dass wir in dem nach außen fließenden Luftstrom die Stimmbänder in tönende Schwingungen versetzen. Überaus wichtig sind tiefe Frequenzen zwischen 20 und 30 Hertz, die bevorzugt dadurch entstehen, dass die Stimmbänder in schnurrende, knurrende Erregungen versetzt werden, vergleichbar dem Schnurren einer Katze. Hierbei wird der Kehlkopf bewusst herabgesetzt, eine besondere Form der Stimmfindung, wie sie in der Gesangsausbildung geschult wird. Die Folge ist die Klangübertragung im Sinne einer Resonanz, die nicht nur die Halswirbelsäule, sondern auch die obere Brustwand in eine vibrierende Schwingung versetzen kann. Carusos Worte: Ich singe mit der Halswirbelsäule!

Lernen Sie zu schnurren wie eine Katze, vibrieren Sie mit herabgesetztem Kehlkopf – und Sie werden in Sekunden in die Tiefenentspannung des Großen Ruhe-Nervs versetzt.

Über das schnurrende Vibrieren mit herabgesetztem Kehlkopf stimulieren Sie den parasympathischen Teil des Zungenkehlkopfnervs, der das Entspannungssignal sofort an das »emotionale Gehirn« funkt. Und hier ist es wiederum unser Großer Ruhe-Nerv, der die Botschaft direkt an Herz, Lunge und den gesamten Bauchraum sendet.

Hilfreich ist auch das Artikulieren von Vokalen, wie das A in seiner aufhellenden Form, das O in einer tieferen Version und schließlich das U, mit dem Sie im Keller Ihrer Stimme angelangt sind. Üben Sie frühzeitig mit dem Kunstwort »Oh-Ma-Ha«. Vermeiden Sie in jedem Falle das I mit seinen hohen Frequenzen, ein Kopfton in der Hocheinstellung des Kehlkopfes, der der E-Saite auf der Geige entspricht. In zahlreichen Seminaren mit deutschen Orchestern berichteten mir die Musiker, dass speziell die E-Saiten der Geigen eine hohe Stressspannung im Orchestergraben provozieren. Hier liegt wohl auch der Grund dafür, dass der deutsche

Schlager sich im weltweiten Wettbewerb so schwertut, denn für ausländische Ohren klingt Liebe auf Deutsch gesungen eher wie das Klirren einer Fensterscheibe als wie eine Botschaft, die aus dem Herzen kommt, ganz im Gegensatz zu »love« oder »amore«.

In der Vagus-Meditation lassen Sie also den Atem kontinuierlich nach außen fließen, mit geringer Intensität, aber möglichst langdauernd. Dabei versetzen Sie Ihre Stimmbänder in schurrende Erregungen, die so leise sein können, dass Ihr direkter Nachbar sie kaum wahrnimmt. In einer Steigerung dieser Vibrationen beginnen Sie zu summen, und das mit tiefer Stimme, so dass auch die Halswirbelsäule in Schwingungen versetzt wird. Die begleitende Resonanz geht sogar so weit, dass Sie die Erregungen mit der Hand über der oberen, vorderen Brustwand wahrnehmen können. Hierzu summen Sie leise, z.B. die Melodie »Glory, glory, hallelujah, glory, glory, hallelujah«, und wiederholen den kurzen Texte wieder und wieder. Denn eine Grundforderung in der Meditation ist die ständige Wiederholung des Gleichen, weil eine Aussage hierdurch an Überzeugungskraft gewinnt.

Der Akzent im Singen oder Summen liegt nachweislich beim Ausatmen, und jetzt wissen wir, warum Singen so gesund ist. Die explosionsartigen Lachsalven wirken ebenso entspannend, weil die Kehlkopfvibrationen nicht nur die Stimmbänder erfassen, sondern sich bis in Brustraum und Wirbelsäule ausweiten. Eine Kernbotschaft der Vagus-Meditation ist also das typische Wiederholungsignal der Atmung. Die Betonung liegt auf dem Ausatmen, verstärkt durch Vibrationen, Leitworte oder kurze Leitmelodien.

Das Prinzip der Wiederholung in Verbindung mit Kehlkopfvibrationen ist der Königsweg der Vagus-Meditation. Auf dieser Grundlage bauen sich alle weiteren Strategien auf. Dabei sind tiefe Frequenzen zwischen 20 und 30 Hertz gefragt. Schnurren und summen Sie, wo immer Sie können. Das ist der tragende Resonanzboden, auf dem jede meditative Pause aufgebaut werden kann.

> Atmung in Verbindung mit Kehlkopfvibrationen ist die Basis der Vagus-Meditation, die optimal mit dem »Cinema interne«-Programm kombiniert werden kann. Augenpressur, das Zoomen, das Lachen mit den Augen oder Zungenstretching sind zusätzlich Entspannungsepisoden, die ebenso ergänzend wirken.

Aus der Praxis für die Praxis
Durch Kehlkopfvibrationen in Verbindung mit der Konzentration auf die Atmung verlieren Schlafstörungen in der Nacht ihren lähmenden Charakter. In wenigen Sekunden setzt sich die Tiefenentspannung des Parasympathikus durch. Durch Schnurren und Summen haben Sie die richtige Antwort in der Nacht auf die unterschiedlichsten Schlafunterbrechungen. Halten Sie gleichzeitig die Augen geschlossen: Zunächst sehen Sie nachts alles schwarz, mit ein bisschen Übung können Sie aber auch bei Dunkelheit Ihren »Cinema interne«-Film ablaufen lassen. In dem vorherrschenden Schwarz tauchen bald blaue oder grüne Inseln auf, die Sie beim Betrachten in die Entspannung führen. Wenn Sie allein sind, können Sie kurzzeitig auch mit dem Licht Ihrer Nachttischlampe arbeiten, Ihr innerer Film wird dann von einem gleißenden Gelb beherrscht. Diese besondere Form der Licht-Meditation funktioniert hervorragend am Morgen beim Erwachen, wenn Sie sich eine Viertelstunde Zeit nehmen. Schnell werden Sie feststellen, dass Sie den Herausforderungen des Tages mit einer großen Portion Gelassenheit begegnen können.

Mit 15 Minuten Vagus-Meditation am Morgen durch »Cinema interne« in Verbindung mit Kehlkopfvibrationen können Sie dem Stress des Tages mit Gelassenheit und Zuversicht begegnen.

Siebter Rettungsanker: Betontes Ausatmen

Das Ausatmen ist in seiner betonten Entspannungswirkung das tragende Fundament der Vagus-Meditation, steht es doch für eine besondere Form des Loslassens, des Abgebens. Ausatmen als Initialzündung jeder Meditation bedeutet Tiefenentspannung in Sekunden, die bereits in jeden Dialog einfließen kann, und sei er noch so dramatisch oder verletzend. Treten Sie jeder verbalen Attacke mit Abstand und persönlicher Distanz entgegen, die Sie gewinnen können, indem Sie vor Ihrer Antwort über mehrere Sekunden tief ausatmen. Dabei können Sie sofort der Gelassenheit des Großen Ruhe-Nervs vertrauen. Er wird Ihnen die richtigen Worte in den Mund legen, und Sie müssen sich nicht auf das verletzende Niveau Ihres Gegenübers begeben. Hier liegt für uns die Chance, eine Sprachkultur zurückzugewinnen, die unserer Zivilisationsstufe entsprechen sollte. Die aktuelle Talkshow-Praxis des Fernsehens sieht allerdings anders aus. In vielen Sendungen hat man es verlernt, zuzuhören und den Gesprächspartner ausreden zu lassen. Wir sprechen immer gerne von den »wilden« Indianern, jedoch galt in diesen Stämmen der Brauch, dass in einer Versammlung der Häuptlinge jedem eine bestimmte Redezeit eingeräumt wurde, in der die übrigen Teilnehmer zu schweigen hatten. Es war weiter gute Sitte, dass nach Beendigung der Redezeit noch eine Minute des Schweigens folgte, in der die Beteiligten der Gesprächsrunde über das Gesprochene des Vorredners nachdenken konnten, bevor eine Antwort angesagt war. Wo ist sie geblieben, diese vorbildliche Sprachkultur?

Sieben Sekunden betontes Ausatmen, eventuell in Verbindung mit Zungenstretching, vor der wohlüberlegten Gegenantwort ist das Gebot der Stunde für ein neues Miteinander in Gelassenheit, in der auch die konträre Meinung des Gesprächspartners akzeptiert und gewürdigt werden kann. Nur in einem dialektischen Prozess entstehen durch Meinungsbildung neue Erkenntnisse, die im Sinne der schöpferischen Spirale durch die Konfrontation der Gegensätze ermöglicht wird. These braucht Antithese, so funktioniert Meinungsbildung, die mittels der resultierenden Synthese gewonnen werden kann.

Aus der Praxis für die Praxis
Ab sofort können Sie mit absoluter Lockerheit jeder verbalen Attacke begegnen, der Große Ruhe-Nerv stärkt durch Gelassenheit Ihr Selbstvertrauen, das Sie durch betontes Ausatmen unterstützen können. Nichts kann Sie mehr aus der Ruhe bringen, so dass Sie in jeder Situation in der Lage sind, möglichen Streitgesprächen stets die verletzende Schärfe zu nehmen. Durch unauffälliges Schnurren verstärken Sie die Entspannungswirkung während des Ausatmens zusätzlich, oder Sie kombinieren das Ausatmen mit einem kurzen Zungenstretching.

Erlebnisbericht über die Wirkung des Großen Ruhe-Nervs
Für das Sonnenlicht als Energieträger ist das Auge der komplexe Kristallisationspunkt, von dem das starke Energie- und Informationsfeld direkt an das »emotionale Gehirn« gelangen kann. Und hier ist es dann der Vagus, unser so wichtiger Großer Ruhe-Nerv, der die Botschaft der parasympathischen Tiefenentspannung weiter an das »Herz-« sowie an das »Bauchgehirn« sendet. Eine nachhaltige Stimulation

geht vom natürlichen Sonnenlicht aus, kann aber auch ersatzweise von künstlichen Lichtquellen erreicht werden.

»Cinema interne« als spezielle Lichtmeditation lässt sich optimal bei Schlafstörungen oder am Morgen zur optimalen Einstimmung auf den Tag einsetzen, wie bereits ausgeführt. Hier ein Erlebnisbericht eines Teilnehmers in einem Entspannungsseminar:

»Cinema interne« ist für mich eine echte Grenzflächen-Situation im natürlichen Wechsel der Gegensätze, wie man sie erleben kann, wenn kontinuierlich in der Morgendämmerung mit ihrem Zwielicht die dunkle Nacht in den hellen Tag übergeht. Oder vergleichbar dem Farbenspiel am Horizont beim Untergang der Sonne in ihrem Lichtwechsel von Gelb in Blutrot. Auf diese wiederkehrende Kraftquelle möchte ich in meiner täglichen Entspannung nicht mehr verzichten.

Trotz des gleißenden Lichts beim »Cinema interne« wechseln wiederholt die Farben des Sonnenspektrums, auf die sich meine ganze Konzentration richtet:

- In den wechselnden Farbmustern zogen die Gedanken wie Wolken am Himmel vorüber, Störfelder verloren an Bedeutung, negative Bewertungen wurden ausgeblendet.
- Immer nachhaltiger verstärkte sich ein Gefühl der Körper- und Zeitlosigkeit.
- Die Sorgen und Ängste eines negativen Denkens wurden nach und nach ersetzt durch die neue Dimension eines inneren Glücksgefühls.
- Nach einer Gewöhnungsphase von ein bis zwei Sitzungen genügten dann nur noch wenige Sekunden, um in die Tiefenentspannung zu gelangen.
- Durch den Energieschub verbesserte sich nachhaltig meine allgemeine Lern- und Leistungsbereitschaft.

- Der tägliche Stress ist zwar gleich geblieben, aber meine persönliche Pufferzone hat sich nachhaltig vergrößert, ich kann den ständigen Herausforderungen mit mehr Gelassenheit begegnen.
- Schon nach wenigen Anwendungen entstand ein Zustand tiefer, wohltuender Gelassenheit und ein Gefühl, dass dieses Wohlbefinden so bald nicht enden möge!

Die sieben Rettungsanker als Rituale im Stressalltag
Mit den sieben Rettungsankern verfügen Sie über hochwirksame Strategien zur Förderung Ihrer Gesundheit und Ihres Wohlergehens. Sie können sie überall im Stressalltag praktizieren, und das binnen Sekunden. Bauen Sie die sieben Rettungsanker als feste Rituale in Ihren Alltag ein. Dabei entstehen positive Bildbotschaften des »erinnerten Wohlbefindens«, die nicht nur Ihre allgemeine Gesundheit verbessern, sondern Ihr persönliches Leistungsvermögen erheblich steigern werden. Sie gewinnen ein neues Vertrauen zur eigenen Stärke und werden den steigenden Herausforderungen mit mehr Gelassenheit begegnen, weil Sie jederzeit Ihren Rettungsanker »in schwerer See« auswerfen können. Viele Entspannungsstrategien gelangen im Stressalltag leicht an den Rand des Geschehens, denn allein die Faszination des Bildschirms bindet Ihre ganze Aufmerksamkeit, mit der Vagus-Meditation finden Sie jederzeit das Stressabbau-Zeitfenster:

- Die neue Vagus-Meditation ist simpel und einfach zugleich.
- Die Tiefenentspannung des Großen Ruhe-Nervs wirkt in Sekunden.
- Natürliche Methode auf neuro-physiologischer Basis ohne mystisch-okkulte Bindung.
- Rituale sind »erinnertes Wohlbefindens« mit hohem Memory-Effekt.

Schon C. G. Jung war von der überragenden Wirkung der Rituale überzeugt, denn der Mensch braucht etwas, das größer ist als er selbst, zu dem er aufschauen kann. Er braucht die Leuchtkraft der Rituale, denn sonst dreht sich alles nur noch um Freizeit, Arbeit und Vergnügen. Rituale sind nicht nur herausragende Ereignisse in täglicher Routine, sie gehorchen auch dem Prinzip der Wiederholung. Damit wird die notwendige Nachhaltigkeit erreicht, die erforderlich ist, wenn gesundheitsfördernde Strategien wirksam und auf Dauer unser Leben bereichern sollen.

Sieben Rituale mit hohem Erinnerungswert und schneller Machbarkeit

Erstes Ritual: Mittagsmüdigkeit am Arbeitsplatz – Lenkradmüdigkeit

Mittags zwischen 13 und 14 Uhr hat Ihre »Vagus-Siesta« über 15 bis 30 Minuten absolute Priorität. Durch unsere rhythmische Prägung erreicht unser Leistungsvermögen zu dieser Zeit seinen ersten Tiefpunkt, und ohne Entspannung durch den Großen Ruhe-Nerv können wir die Arbeitsbereitschaft für den restlichen Tag nicht noch einmal nachhaltig steigern. Die Stunden am Nachmittag verlaufen dann nur schleppend, und unsere Aufmerksamkeit richtet sich vornehmlich auf den baldigen Arbeitsschluss. Der neue Energieschub der Vagus-Meditation lässt dagegen die Stunden am Nachmittag wie im Fluge vergehen, selbst schwierige Aufgaben lassen sich durch diesen Flow-Effekt leichter bewältigen. Diese neue tägliche Pausenkultur eignet sich für den Arbeitsplatz, für zu Hause und auf Reisen. Sie eignet sich auch für das Wochenende, für die Freizeit, aber auch für den Zeitabschnitt nach dem Berufsleben. Nutzen Sie Ihr Schlafzimmer nur noch in der Nacht, das Mittagstief überbrücken Sie optimal mit der Vagus-Meditation, am besten bequem in einem Sessel – wenn Sie jedoch gerne die Beine hochlegen möchten, auf einem Sofa.

Für viele ist das Auto der Arbeitsplatz. Allerdings: Bei Müdigkeit am Lenkrad besteht Lebensgefahr! Suchen Sie sofort einen Parkplatz auf, verriegeln Sie das Auto von innen. In bequemer Sitzhaltung legen Sie die Unterarme auf die seitlichen Lehnen und hängen Sie auf die gestreckten Zeige- und Mittelfinger den Zündschlüssel. Werfen Sie jetzt über 15 Minuten Ihren Rettungsanker aus. Nach dieser Zeit stellt sich auch eine Muskelentspannung ein, die gestreckten Finger erschlaffen, der Schlüssel fällt klirrend zu Boden: Ihr Zeichen zum Aufbruch, um pünktlich am Ziel zu sein. Mit der neuen Kraft dieser kurzen Entspannungsepisode setzen Sie Ihre Fahrt fort, alle Müdigkeit ist verflogen. Kurz nach der Vagus-Auszeit empfehle ich Ihnen zur allgemeinen Reaktivierung einige Dehnungsübungen, über jeweils sieben Sekunden, wie ich sie in dem Buch »Natürlich gesund« vorgestellt habe.

Zweites Ritual: Schlafstörungen – Tinnitus – Burnout

Schlafstörungen sind vielfach die Initialzündung für eine Burnout-Symptomatik, die sich auch durch Tinnitus ausdrücken kann. Kehlkopfvibrationen sind die Antwort auf jede Schlafunterbrechung. Dabei konzentrieren Sie sich auf Ihren körpereigenen Rhythmus im Wechsel zwischen Ein- und Ausatmen, wobei die Kehlkopfvibrationen automatisch das Ausatmen mit verstärkter Tiefenentspannung betonen. Vibrationen entstehen auch durch das leise Summen einer Melodie. Visualisieren Sie gleichzeitig die entsprechende Textbotschaft, z. B.: »Am Brunnen vor dem Tore, da steht ein Lindenbaum, ich träumt' in seinem Schatten so manchen süßen Traum.« Rufen Sie dieses Bild vollständig in Ihrer Erinnerung ab, den Brunnen mit dem Lindenbaum und wie Sie im Schatten den Traum genießen. Hören Sie auf das Rauschen der Blätter, vielleicht erinnern Sie sich sogar an den Geruch der Lindenblüten? Rufen Sie gleichzeitig Ihren »Cinema interne«-Film ab. Mit ein bisschen Übung gelingt das auch in dunkler Nacht. Spielen Sie mit dem Schwarz hinter Ihren Augen, und bald werden zarte Farben auftauchen, meist in Blau oder Grün. »Cinema interne« wird zu einem prächtigen Farbfilm, wenn Sie die Nachttischlampe einschalten oder das Morgenlicht in Ihr Fenster fällt.

Sie kommen nachts übermüdet von langer Reise und möchten sofort ins Bett. Im benachbarten Hotel übt jedoch eine Jazzband, wie ich es nachts um drei Uhr auf Korsika erleben musste. Was tun in einer solchen Situation? Trauen Sie sich um diese Zeit nach nebenan ins Hotel und protestieren lauthals? Ich glaube kaum. Arrangieren Sie sich in Ihrer Atmung mit der Melodie und dem Rhythmus der störenden Band, schnurren oder summen Sie, schalten Sie auf »Cinema interne«, der Große Ruhe-Nerv wird Sie auf diesem Wege in den lang ersehnten Schlaf sinken lassen.

Drittes Ritual: Prüfungsangst – Lampenfieber – Platzangst
Nehmen Sie sich vor Ihrem entscheidenden Auftritt mindestens 15 Minuten Zeit. Setzen Sie sich am Rand des Geschehens auf einen Stuhl, werfen Sie Ihren Rettungsanker aus. Vermeiden Sie Gespräche mit Kollegen, die aus der Prüfung kommen. Für neue Lernaufgaben ist es zu spät. Damit Sie auf die gestellten Prüfungsaufgaben wohlüberlegt reagieren können, ist jetzt die Gelassenheit der Vagus-Meditation gefragt. Durch die Vagus-Meditation sind Sie jederzeit in der Lage, den entsprechenden Zugang auf Ihren Erinnerungsspeicher zu ermöglichen, so dass das erlernte Wissen in vollem Umfang in jeder Situation verfügbar ist.

Auch Lampenfieber kann auf diese Weise beherrscht werden. Sie nehmen sich unmittelbar vor Ihrem spektakulären Auftritt eine kurze Auszeit der Vagus-Meditation, möglichst abseits des Geschehens, bei Zeitmangel helfen Ihnen schon wenige Sekunden oder Minuten für die Konzentration der inneren Sammlung. Für Solisten im Orchester kann optimales Zoomen mit den Augen genutzt werden, indem Sie sich von dem gesamten Notenblatt vor Ihnen auf dem Ständer ein Doppelbild machen. Die Entspannung wirkt sofort, weiter unterstützt durch ein leises Summen Ihrer Kehlkopfvibrationen. Ihr Soloauftritt kann beginnen.

Ängste in engen Räumen, sei es in einem bedrückenden Fahrstuhl oder in einer bedrohlichen Röntgenröhre, können uns die Luft zum Atmen rauben. Konzentrieren Sie sich auf die Atmung in Verbindung mit Kehlkopfvibrationen. Zoomen Sie mit den Augen durch Doppelbilder. In der Röntgenröhre ist z.B. direkt über Ihrem Kopf ein kleines Viereck mit einer Schraube angebracht; verdoppeln Sie es. Diese Rettungsanker helfen Ihnen, die Enge des Raumes ohne größere Stressbelastung zu überstehen. Sie werden erstaunt sein, wie schnell die Röntgenuntersuchung beendet ist. Beschäftigen Sie sich zu keinem Zeitpunkt mit der Frage, wann die Untersuchung endlich vorüber ist, vertrauen Sie sich ganz dem Großen Ruhe-Nerv an.

Viertes Ritual: Seekrankheit – Flugangst

Durch die Synchronisation von Wellengang und Atmung nehmen Sie die Herausforderung des Meeres an und stellen sich ganz auf das Wechselspiel zwischen Wellenberg und Wellental ein. Im tiefen Wellental atmen Sie ein, am hohen Wellenberg atmen Sie aus. Damit egalisieren Sie zum einem die vertikalen Schwankungen, zum anderen wird durch die Synchronisation zwischen Atemrhythmus und Wellengang die Tiefenentspannung durch den Vagus ausgelöst, der auf die Weise in der Lage ist, das Gleichgewichtsorgan des vestibulären Systems im Innenohr zu beruhigen. Schnurren Sie so genüsslich wie eine Katze, so können Sie der nächsten Kreuzfahrt mit Gelassenheit entgegensehen.

Sobald Sie im Flugzeug Platz genommen haben, beginnen Sie mit Ihrer Vagus-Meditation. Sie konzentrieren sich auf die Atmung. Lassen Sie beim Ausatmen den Kehlkopf vibrieren. Arbeiten Sie mit Doppelbildern durch Zoomen, so bleiben die Augen geöffnet und Sie können gleichzeitig auch die Vorgänge um sich herum beobachten. Bleiben Sie in dieser Konzentration, bis die Maschine ihre Reiseflughöhe erreicht hat. Danach liegt in der Regel der Flieger ruhig in der Luft. Mit Gelassenheit geben Sie sich ganz den Freuden der optimalen Bedienung an Bord der Maschine hin. – »Wir verlassen jetzt die Reiseflughöhe«, das ist Ihr Startsignal für den zweiten Teil Ihrer Vagus-Meditation, denn mögliche neue Turbulenzen kommen auf Sie zu. Sackt einmal die Maschine ab, so atmen Sie tief durch, wie bei der Seefahrt in einem Wellental. Sie werden locker und gelöst die Maschine verlassen. Trinken Sie viel Mineralwasser, meiden Sie den Kaffee, denn die Kabinenluft ist extrem trocken. Ein Gläschen Sekt vor der Landung kann nicht schaden, weil hierdurch die Vorfreude auf die Überraschungen bei der Landung nur gesteigert wird. Bewegen Sie sich während des Flugs viel auf dem engen Sessel. Details hierzu im Buch »Natürlich gesund«. Auf diese Weise mindern Sie deutlich Ihren Flugstress, Sie reduzieren die Thrombosegefahr, eine Vorsichtsmaßnahme, die besonders für die enge »Holzklasse« gilt.

Fünftes Ritual: Sportbelastungen

Werfen Sie Ihren Rettungsanker direkt vor dem Wettkampf aus, über wenige Minuten oder auch länger, je nach der Situation. Nach der Belastung ist ein weiterer Rettungsanker fällig, denn durch die Vagus-Meditation kann die Zeit der erholsamen Regeneration wesentlich verkürzt werden. So werden Sie schneller wieder fit. Dieses Vorgehen ist überaus wichtig, wenn wichtige Wettkämpfe oder größere Belastungen in Zonen mit Reizklima ausgetragen werden müssen: über 1000 m Höhe, in Küstenregionen, auf Inseln mit extremen Winden bei gleichzeitig hoher UV-Einstrahlung oder gar unter tropischen Bedingungen. Beim Biathlon kann mit der Vagus-Meditation der hohe Laufpuls in küzester Zeit für die Zielsicherheit am Schießstand heruntergefahren werden.

Rückenschmerzen im Sport bekämpfen Sie am besten in der tiefen Entspannungshocke bei gleichzeitiger Augenpressur. Dabei liegen die Ellbogen auf den Kniegelenken, und die Handflächen drücken zart gegen die geschlossenen Augen. Die optimale Dehnung der Rückenstrecker in der Hocke wird durch die Tiefenentspannung der Augenpressur über den Parasympathikus nachhaltig verstärkt. Auch bei Rückenbeschwerden wirkt dies hervorragend. Zum einen, weil die schmerzhaft verkürzten Rückenstrecker gedehnt werden, zum anderen, weil der Spinalkanal erweitert wird, der gewöhnlich durch ältere Bandscheibenvorfälle eingeengt ist. In der tiefen Entspannungshocke stehen die Füße parallel und fest mit den Fersen am Boden. Die Kniegelenke sind scharnierartig nach vorne ausgerichtet, eine spezielle Entlastung besonders für die Innenmenisken. In dieser Haltung werden die Waden und die Achillessehnen optimal gedehnt, die besonders im Laufsport überbelastet werden und häufig mit Beschwerden auffallen. Sie können die tiefe Entspannungshocke auch mit dem Rücken zur Wand praktizieren, dabei verstärkten Sie die Dehnungswirkung auf den Rücken, wenn Sie zusätzlich mit den Unterarmen die Unterschenkel umarmen und den Kopf zwischen die Kniegelenke verlagern (»Natürlich gesund«, S. 138).

Sechstes Ritual bei der »Ungeduld des Nicht-warten-Könnens« in Wartezimmern, auf Autobahnen, Bahnhöfen, Flughäfen etc.
Wer wartet schon gern! Es braucht viel Geduld und guten

Willen. Warten Sie niemals ziel- oder abruforientiert. Vergessen Sie mit der Vagus-Meditation die Zeitkontrolle durch die Uhr. Ungeduld treibt die allgemeine Stressspannung durch den Sympathikus weiter in die Höhe. Konzentrieren Sie sich mittels der Akkommodation auf ein Doppelbild an der Wand. Im Gegensatz zum »Cinema interne« entgeht Ihnen so kein Vorgang in der Wartezone, und Sie können Ihren Aufruf nicht verpassen. Verlängern Sie außerdem das Ausatmen mit leisen Vibrationen.

Durch Akkommodationstraining beim Stau auf der Autobahn rufen Sie sofort Ihre Entspannungsreaktion auf. Machen Sie sich ein Doppelbild von der Rückfront des Autos direkt vor Ihnen. Beginnen Sie mit Miniübungen im Alltag an jeder roten Ampel, damit Sie in einem längeren Stau optimal auf die »Ungeduld des Nicht-warten-Könnens« vorbereitet sind. Auf der Autobahn nutzen Sie ferner bei längeren Fahrtunterbrechungen meditative Musik, deren Melodie annähernd atemsynchron aufgebaut ist, so dass Sie das Musikthema, zurückgelehnt in Ihrem Sessel, mitatmen oder auch mitsummen können. Wenn Sie jetzt noch die Augen schließen und Ihren »Cinema interne«-Film ablaufen lassen, können Sie sich gelassen Ihrer Entspannung hingeben. Die Länge des Staus interessiert Sie nur noch am Rande. Passen Sie auf, dass Sie den Anschluss nicht verpassen, wenn sich die Kolonne in Bewegung setzt, schalten Sie wiederholt auf Doppelbilder um, damit Sie die Übersicht nicht verlieren.

Auch auf Bahnhöfen und Flughäfen gibt es viele Möglichkeiten der positiven Zeitgestaltung. Schon auf einer einfachen Bank können Sie Ihre sieben Rettungsanker ausfahren, und Sie finden sofort einen festen Halt, weil Sie von zu Hause und von Ihrem Arbeitsplatz all Ihre Meditationserfahrungen einbringen können, so dass Sie in den unterschiedlichsten Situationen auf das Kraftpotenzial des Großen Ruhe-Nervs vertrauen können.

Die üblichen 15 bis 20 Minuten beim Umsteigen am Bahnsteig lockern Sie in Zukunft durch eine den Kreislauf entlastende Bewegungsepisode auf. Pirouetten drehend bewegen Sie sich mit Ihrem Rollkoffer, dabei wechseln Sie fortlaufend die Hand am Koffer und schalten wiederholt über drei oder vier Schritte in den Rückwärtsgang. Auch die Treppe wird umgehend zu einem kostenlosen Fitnessstudio, indem Sie kontrolliert vier Stufen rückwärts treppauf, vorwärts dann wieder treppab gehen und das in einem ständigen Auf und Ab. So behalten Sie nicht nur Ihren Koffer im Auge, diese 15 Minuten gelten schon in der Sportmedizin als wirksame Ausdauer-Episode zur Herz-Kreislauf-Prävention, die Sie als »Training im Vorübergehen« leicht in den Alltag einbauen können. Nach dieser kurzen Belastung werden Sie in Zukunft den bequemen Sessel im ICE richtig zu würdigen wissen, eine Auflockerung, die nicht nur die lästige Wartezeit in Kurzweil verwandelt, sondern auch gleichzeitig der Gesundheit dient.

Siebtes Ritual: Konzerterlebnis
Ein unruhiges Publikum lenkt Sie vom Konzertgenuss ab. Konzentrieren Sie sich auf eine Lampe, einen Lichtstrahler nah oder fern. Praktizieren Sie ein Doppelbild und atmen Sie synchron zur Melodie des Orchesters, was nicht immer vollständig gelingt. In dieser Konzentration verschmelzen Sie mit dem Orchester zu einem Ganzen, der allgemeine Geräuschpegel verliert sich in Bedeutungslosigkeit. Ein Konzertgenuss ganz besonderer Prägung ist die Folge, konzentriert geben Sie sich allein der Gefühlswelt des »emotionalen Gehirns« hin, ein Verdienst des Großen Ruhe-Nervs in seiner engen Anbindung an das Gehör. In einem Konzert der New-York-Philharmoniker ermahnte der Dirigent Kurt Masur seine Zuhörer mit den Worten: »Hören Sie bitte auf zu husten, meine Musiker husten auch nicht.« Mit dem Großen Ruhe-Nerv wäre ihm das erspart geblieben.

3. Kapitel
Glücksmomente im Stressalltag

Chronischer Stress macht krank, wir verlieren unseren natürlichen Rhythmus zwischen Anspannung und Entspannung. Das Gehirn wird in seinen entscheidenden Funktionen vom Erregungssystem des Sympathikus bestimmt, so dass die ausgleichende Erholung an Durchsetzungskraft verliert. Stress braucht der Mensch, ohne dieses Lebenselixier wären wir mit Sicherheit an den Herausforderungen unserer Welt kläglich gescheitert. Kolumbus hätte ohne diesen Kickstarter niemals die Neue Welt entdeckt, und Amundsen wäre an der Kältebarriere des Südpols gescheitert. Die Rede ist vom Eustress, der nach Aktivierung des Kampf-Flucht-Reflexes direkt auf der körperlichen Ebene ausgelebt werden kann, indem man sich den bevorstehenden Widerständen stellt, sie mit allen Kräften überwindet oder, im Falle jeglicher Aussichtslosigkeit, besser den Fluchtweg nach hinten antritt. Konnte in der Vergangenheit durch eigenes Aufbegehren die brenzlige Situation bereinigt werden, hatte man alle Zeit der Welt, sich auszuruhen, so dass die verbrauchten Energiereserven unmittelbar erneuert wurden. Das war die Situation einer heilen Welt im natürlichen Wechsel zwischen Chaos und Ordnung, zwischen Anspannung und Entspannung.

Durch dieses Verhalten konnte der Körper in regelmäßiger Folge in den ausgewogenen Zustand der Kohärenz zurückkehren, in der Medizin als Homöostase bezeichnet. Dieser natürliche Rhythmus ist unverzichtbar für die optimale Funktion aller Körpersysteme, auf betonte Zeitabschnitte folgen unbetonte, der erregte Organismus kann kontinuierlich durch Pausen der Erholung zur gewohnten Stärke zurückfinden. Das ist die Zustandsbeschreibung längst vergangener Tage. Denn wie ich schon erwähnt habe: Im Zuge der Zivilisation hat der Mensch nicht nur sein Umfeld, sondern auch sein Ich durch die Aufwertung der individuellen Freiheit entscheidend verändert, geprägt von einem Fortschrittsdenken unter den Vorzeichen: schneller, höher, besser, komfortabler. Und in diesem Zivilisationsprozess sind wichtige Verhaltensmuster verloren gegangen, die bedrohliche Stresssituation aber hat sich nicht verändert. Die angriffslustigen Bären aus grauer Vorzeit sind in das Gewand von Maschinen geschlüpft, mit denen man sich nicht mehr unter hohem körperlichem Einsatz auseinandersetzen muss. Zwar war zu Beginn dieser Anpassung noch ein bestimmter Muskeleinsatz zur Ankurbelung des Stoffwechsels erforderlich. Dampfmaschinen und einfache Motoren setzten ein gewisses Maß an brachialer Kraft voraus, wobei die Mehrzahl dieser technischen Hilfen auch in der Nacht abgeschaltet werden musste. Doch dieser Rhythmus zwischen Arbeit und Erholung änderte sich dramatisch mit der Erfindung des elektrischen Lichts. Die Nacht wurde zum Tag gemacht, die Ausnutzungsrate der Maschinen stieg ins Grenzenlose, ebenso die Arbeit, die schließlich mit der globalen Nutzung der Computertechnologie die erholsame Pause an den Rand des Geschehens drängte. Plötzlich konnten über ein enges Netzwerk Mitarbeiter rund um die Uhr und an jedem Ort erfasst werden, eine zeitunabhängige Leistungsbereitschaft aller Beteiligten wurde zur Tagesordnung, die unter dem Begriff »Entgrenzung von Arbeit« das Berufsleben revolutionierte. Über drei Stufen der Veränderung wurde das Technikzeitalter eingeleitet:

- Grundlegend gewandelt hat sich die Kampf-Flucht-Situation unter der Regie des Sympathikus, die in ihrer Wirkung auf den menschlichen Körper erhalten blieb, ja sogar noch gesteigert wurde, weil die Intensität der Ereignisse dramatisch zunahm. Die Attacken der wilden Umwelt aus grauer Vorzeit wurden ersetzt durch Dauerkanonaden einer schnellen, hellen, lauten Welt mit hoher Informationsdichte.
- In dieser hohen psychosomatischen Erregungsstufe ist jedoch der Ausgleich durch Muskeleinsatz verloren gegangen. Auf der Stecke blieb nicht nur das Kämpfen und Flüchten, auch die schwere körperliche Arbeit als Bauer oder Handwerker ist im modernen Technikzeitalter nicht mehr gefragt. Aus Laufwesen wurden Sitzwesen – mit negativen Folgen.
- Dem Technik-Zeitalter wurde aber nicht nur die Bewegung geopfert, auf der Strecke blieb die erholsame Pause, denn zum schnellen Zeittakt passt nicht die Muße des Nichtstuns, zumal Zeit mit Geld im Sinne ständig steigender Gewinnmaximierung gleichgesetzt wurde.

> Mit der Entgrenzung der Arbeit im Computerzeitalter wird die Überstunde höher eingestuft als die erholsame Siesta, die nicht mehr zur Leistungsgesellschaft passt. Nicht der Stress ist es, der uns krank macht, sondern die verlorene Pause.

Permanente Erreichbarkeit mit der Folge einer Entgrenzung der Arbeit lässt den Menschen schnell an die Grenzen des Zumutbaren stoßen. Der Kontakt zur Firma reißt nicht nur auf dem Weg zur Arbeit nicht ab, er wird bis weit in den Freizeitbereich ausgedehnt. Und auch die Kontrollmechanismen haben sich drastisch verändert: Konnte früher ein Brummifahrer seine Routen zum Zielort frei wählen und, wenn er gut in der Zeit war, einen Zwischenstopp bei Freunden einlegen, überwacht heute der Chef exakt den Streckenverlauf Kilometer für Kilometer. Er kennt jeden zu viel gefahrenen Umweg, die Länge der eingelegten Pausen, alles ist unter Kontrolle. Inzwischen gibt es sogar eine Software, mit der Mitarbeiter zu jeder Stunde über ihr Arbeitsverhalten kontrolliert werden können. Das schafft Misstrauen und engt die Entscheidungsfreiheit des Einzelnen derart ein, dass das Stimmungsbarometer in den entsprechenden Firmen auf Sturm steht.

Nicht allein Überstunden und Stress führen Menschen ins Burnout, oft sind vertrauensmindernde Kontrollsysteme die Ursache für Mobbingkrisen.

Allerdings haben in der schnellen Online-Gesellschaft auch die Befindlichkeiten des Einzelnen deutlich zugenommen. Verantwortlich hierfür ist zum einen ein deutlich gesteigertes individuelles Freiheitsbewusstsein, zum anderen eine neue Bewertung der Beziehungsebene Solidarität. Allein die intensive Berichterstattung durch die Medien trägt erheblich dazu bei, dass der Alltags-Stress, den man in früheren Jahren in vielen Fällen einfach nicht zur Kenntnis genommen hat, intensiver erfahren wird. Ein vielleicht etwas drastisches Beispiel: Die Soldaten des Zweiten Weltkrieges kehrten mit den schwersten geistig-körperlichen Wunden nach Deutschland zurück, was von der Gemeinschaft jedoch kaum wahrgenommen wurde. Unsere Bundeswehrsoldaten in Afghanistan sind ebenfalls schweren Belastungen ausgesetzt, im Gegensatz aber zu früher müssen die meisten von ihnen nach ihrer Rückkehr an einem psychosomatischen Belastungssyndrom behandelt werden. Als junger Chirurg im Vietnamkrieg war ich tagtäglich mit den schwersten Kriegsverletzungen konfrontiert. Nach einem Jahr musste ich für kurze Zeit ausgewechselt werden, weil ich die verletzten Menschen in ihren zerschlissenen, durchbluteten Kleidern nicht mehr ertragen konnte. Nach einer kurzen Zwischenzeit in Deutschland konnte ich danach noch ein Jahr weitermachen. Bei meiner Rückkehr in Deutschland hat sich jedoch niemand für meine körperlich-psychische Befindlichkeit interessiert. Meine spätere Röntgenassistentin hielt es für angebracht, an einem Montag zu Hause zu bleiben, weil sie am Wochenende einen schweren Verkehrsunfall auf der Autobahn erlebt hatte. Im Telefonat gab ich ihr den Rat, sich besser durch die Arbeit ablenken zu lassen, wozu auch die Gespräche mit ihren Kollegen beitragen würden. Das nennt man narrative Seelsorge, weil Sress auch in erzählerischer Form abgegeben werden kann.

Durch die persönliche Anteilnahme von Freunden, Kollegen, Verwandten, durch entlastende Gespräche, über die Ablenkung bei der Arbeit können psychische Belastungssyndrome besser abgebaut werden, als zurückgezogen im einsamen Zimmer im Kummer zu versinken.

Die Burnout-Bedrohung wäre mit Fassung zu ertragen, hätte die westliche Medizin ein wirksames Konzept zur Hand, vergleichbar etwa dem Penicillin im Kampf gegen gefährliche Entzündungen. Das ist aber nicht der Fall; im Gegenteil, führende Psychiater und Neurologen wie David Servan-Schreiber, Peter D. Kramer oder die Internisten Herbert Benson und Dean Ornish gehen inzwischen so weit, zu behaupten, dass in der Behandlung vieler stressbedingter Erkrankungen die Zeit der Psychopharmaka vorbei ist. Nicht die Schlaf- und Beruhigungsmittel sind es, die das Burnout-Problem lösen können, nur die Verhaltensänderung des Einzelnen und eine humanere Arbeitswelt sind zu einer ursächlich Lösung unserer Zeitprobleme in der Lage.

Bei chronischem Stress war die westliche Medizin lange Zeit der Meinung, dass der Alarmreaktion des Sympathikus kein gleichwertiger Entspannungsreflex mit Sofortwirkung entgegengesetzt werden kann. Dabei sind Reflexe automatische Kettenreaktionen oder geschlossene Regelkreise, die über einen äußeren Reiz aktiviert werden können, wobei in diesem Kreislauf das Rückenmark oder der Hirnstamm als Umschaltstation fungieren. Dieser nervöse Reflexbogen vollzieht sich außerhalb unseres Bewusstseins, eine Automatik wenn man so will, und das machte die Sache beim Umgang mit dem Stress für uns Menschen so schwer, wie es immer noch scheint.

Die Stressreaktion ist eine Automatik jenseits des Bewusstseins, der Kampf-Flucht-Reflex trifft uns wie ein »Blitz aus heiterem Himmel«. Dieser Attacke hatte man bisher keinen gleichwertigen Entspannungsreflex entgegenzusetzen.

Jeder von uns hat auf diesem Gebiet seine ganz persönlichen Erfahrungen hinter sich. Denken Sie nur an die Zeit Ihrer Prüfungen: Oft war es schwer, in dieser Anspannung einen klaren Gedanken zu fassen, wiederholt hat es uns sogar die Sprache verschlagen. Nicht nur die aufgesagten Gedichte vor der Klasse ließen das Herz bis in die Schläfen schlagen, es war auch die Zeit der ersten Liebe. Diese hohen Erregungsstufen der Stressspannung kennt jeder aus eigener Erfahrung, nichts Gleichwertiges konnte auf dem Gebiet der Entspannung entgegengesetzt werden. Im Gegenteil, in den meisten Fällen war und ist es überaus schwierig, nach einer allgemeinen Mobilmachung wieder in den ausgewogenen Zustand der inneren Ruhe zurückzufinden.

Verantwortlich für die Stressreaktion ist, wie wir wissen,

das autonome Nervensystem, das in seiner Automatik nicht unserem Willen gehorcht, sondern in Sekunden über Reflex-Hormonkaskaden aus der Hirnstamm-Rückenmark-Region auf eine hohe Erregungsstufe katapultiert werden kann. Dieses vegetative Nervensystem besteht zum einen aus dem Stress auslösenden Sympathikus, zum anderen aus dem Entspannungsnerven Parasympathikus, der auch mit dem Vagus gleichgesetzt wird, weil dieser zehnte Hirnnerv die größte Verteilung im Gesamtorganismus aufweist. Dieser »Vagabund« unter den Nerven hat ein riesiges Verteilungsgebiet, er treibt sich praktisch im ganzen Körper herum, wie es einem Landstreicher nun einmal zukommt. Bisher war es aber noch nicht gelungen, der akuten Alarmsituation des Sympathikus die ausgleichende Entspannung über Reflexbahnen des Parasympathikus entgegenzustellen.

Erstmalig stelle ich Ihnen in diesem Buch den Vagabunden unter den Nerven, den Vagus, als Großen Ruhe-Nerv der Entspannung vor, der ebenso in Sekunden in Szene gesetzt werden kann wie der Sympathikus in seiner Stress auslösenden Alarmsituation. Das ist neu und revolutionär zugleich.

Und das ist in der Tat ein Novum in der Medizin, denn in der medizinischen Notfallbehandlung von Schockzuständen konnten sich die Sympathikus-Verstärker Adrenalin und Noradrenalin durchsetzen, nicht in gleicher Weise jedoch das Acetylcholin, der Überträgerstoff des Parasympathikus. Die Domäne in der Behandlung von Erregungszuständen, einschließlich der Depression und des Burnout, stellen immer noch die Tranquilizer dar. Trotz alledem, in der medizinischen Praxis war man wiederholt auf ein Reflexverhalten des Parasympathikus gestoßen, ohne hieraus jedoch wirksame Entspannungsstrategien ableiten zu wollen, warum auch immer.

Wenn Augenärzte am Auge operieren, drücken sie wiederholt im Sinne einer Augenpressur mit ihren Fingern auf die Augäpfel und lösen hierüber den sogenannten »Okulo-Ziliar-Reflex« aus, der über ein Ganglion hinter dem Auge (Ganglion ciliare) den Parasympathikus stimuliert, so dass gleichzeitig der dritte Hirnnerv, der motorische Augennerv (Nervus oculomotorius), aktiviert wird. In diesem Zusammenhang lehrt uns die Anatomie, dass der Parasympathikus im Gesicht-Halsbereich kein eigenständiges Nervengebilde ist. Der Parasympathikus benutzt andere Hirnnerven als Dienstleister (speziell den dritten, siebten und den neunten Hirnnerv), er legt sich an die Seite der motorischer Nervenfasern und gelangt auf diesem Wege in das Kerngebiet der Hirnnerven im Hirnstamm. Hier wird der Nervenreiz umgeschaltet und erreicht gleichzeitig auch das Kerngebiet des zehnten Hirnnervs (Nervus vagus), und dieser Alleskönner unter den Nerven trägt dann die Information weiter an das Herz (parasympathisches Herzgeflecht), an das Geflecht der Lunge sowie an den gesamten Bauchraum, wobei die Wirkung bis zur linken Flexur des querverlaufenden Dickdarms reicht.

Auf diesen parasympathischen Entspannungsreflex stoßen Augenoperateure, wenn sie die Augen des Operierten mit ihren Fingern unter Druck setzen – und das geschieht jedes Mal zum Leidwesen der Anästhesisten. Durch die Entspannungswirkung des Parasympathikus über die Augenpressur ist ein Blutdruckabfall (Bradykardie) beim Patienten die Konsequenz, der Kreislauf kann nur noch durch vermehrte Infusionen auf einem normalen Niveau gehalten werden. Ein anderes Beispiel, ein Zwischenfall beim Bergsteigen ei-

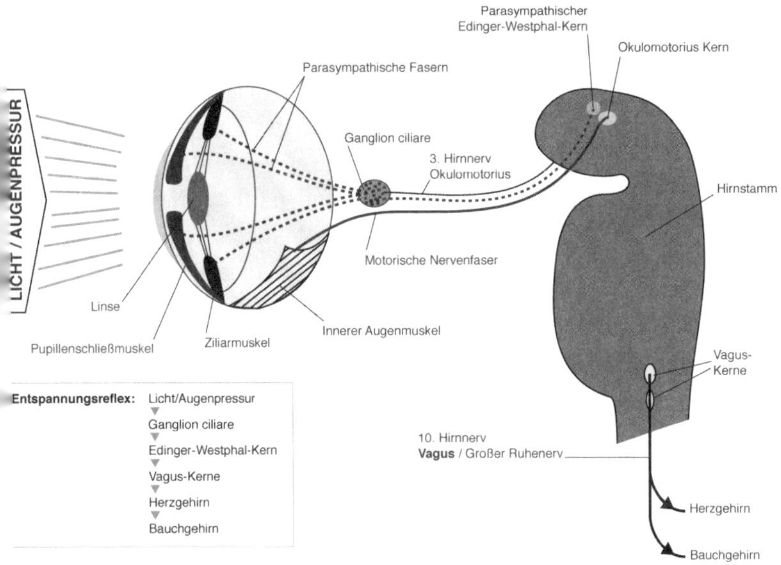

Der Okulo-Ziliar-Reflex kann durch Augenpressur, durch Licht beim Cinéma interne und durch Akkomodation ausgelöst werden, weil die Pupillenschließmuskeln, die Ziliarmuskeln und die inneren (medialen) Augenmuskeln dem parasympathischen System angeschlossen sind. Abb. modifiziert nach Frank H. Netter: Atlas der Anatomie.

nes amerikanischen Internisten in den Rocky Mountains: In 2000 m Höhe stößt er auf einen am Boden liegenden fremden Bergsteiger, der sich in höchster Lebensgefahr befindet. Sein Herz ist außer Kontrolle, es befindet sich im Zustand absoluter Arrhythmie. In dieser Notlage erinnert sich der Kollege der Wirkungsweise des Okulo-Ziliar-Reflexes,

Neue Hoffnungssignale im Stressalltag gegen Stress-Burnout liefern in Sekunden Vagus-Reflexe, die umfassend Kopf, Herz, Lunge sowie den Bauchraum in Tiefenentspannung versetzen können.

und durch die sofort eingeleitete Augenpressur ist er in der Lage, nicht nur das Herz zu beruhigen, sondern auch das Leben des Bergsteigers zu retten. Allein aus diesen Ausführungen kann entnommen werden, dass wir Menschen nicht nur über einen schnell auslösbaren Kampf-Flucht-Reflex, sondern auch über einen in Sekunden funktionierenden parasympathischen Entspannungs-Reflex verfügen, der unmittelbar im schnellen Stressalltag aktiviert werden kann. Das ist die Kernaussage dieses Buches.

Diese Vagus-Meditation ist die neue Chance in einer Online-Gesellschaft ständiger Präsenz, ein Hoffnungssignal gegen die neue Volkskrankheit Stress-Burnout und gegen die chronisch stressbedingten Erkrankungen, die von der klassischen Medizin auf rein symptomatischem Weg nicht mehr unter Kontrolle gebracht werden können. Warum sonst konnten trotz modernster Techniken Burnout, Herz-Kreislauf-Erkrankungen, der Typ-2-Diabetes sowie Rückenbeschwerden zu neuen Volkkrankheiten aufsteigen, ohne dass sich eine Änderung zum Besseren abzeichnet? Zugegeben, der an die Moderne angepasste Mensch hat sich in seiner Grundhaltung derart verändert, dass er der lauten, hellen, schnellen Welt nicht mehr mit Stille, Ruhe und Entspannung begegnen kann. Dieser Anpassungsmechanismus hat sogar dafür gesorgt, dass man mittlerweile geradezu von einer Lust am Lärm sprechen kann. Leben bedeutet eben Bewegung in seiner vitalen Ausdrucksform, bestimmt von Veränderungen, die ohne unterschiedlichste Geräuschpegel nicht realisiert werden können. Allerdings werden die Geräusche um uns herum emotional unterschiedlich wahrgenommen. Das Martinshorn eines Rettungswagens versetzt uns in Alarm, das Rauschen des Waldes dagegen wirkt wohltuend und entspannend zugleich. Eine Welt ohne Lärm wäre eine tote Welt, denn der Lärm draußen ermöglicht es uns, den Lärm, der in uns tobt, zu übergehen und zu betäuben. Der Tinnitus ist das Echo des Innenohres auf diese laute Welt, und dieser innere »Schrei des Ohres« kann vielfach nur dadurch verdrängt werden, indem stärkere Lärmgeräusche von außen wahrgenommen werden. Wir sehnen uns nach Stille, doch wenn sie von uns Besitz ergreift, erscheint sie uns wie eine Botschaft aus einer anderen Welt. Meditation in ihrer klassischen Form ist Ausdruck von Stille in der Einsamkeit eines Klosters, vergleichbar einer Wüste, in der Menschen von Halluzinationen überfallen werden können. Eine solche Gegenwart der Stille wird oft als spontaner Schrei von innen heraus wahrgenommen. Und in dieser Abgeschiedenheit tritt dann so etwas wie himmlische Ruhe auf, ein Zustand, der in seiner Dimension nicht zur modernen Welt passt. Wahrscheinlich liegt hierin der Grund, warum der Mensch die Erholung im Stresszeitalter ganz einfach verdrängt hat. Klappern gehört bekanntlich zum Handwerk, und jemand, der ins Rampenlicht oder in die Öffentlichkeit treten will, muss durch Lärm auf sich aufmerksam machen. Kontrollierter Lärm ist Musik, wobei moderne Musik oft die Grenzen des Zumutbaren überschreitet. Wohl dosiert können Töne von uns Besitz ergreifen, uns zu Tränen rühren, weil Musik eine hohe Ansprache an das »emotionale Gehirn« (siehe Seite 58 ff.) möglich macht. Das haben Macher der Filmindustrie schon lange erkannt, denn ohne Musik wären »Vom Winde verweht« oder »Casablanca« niemals zu ihren Welterfolgen aufgestiegen.

Auf der Suche nach dem inneren Frieden und nach Stille sind also Menschen durch ihre Anpassung an die Informationsgesellschaft und durch die Lust am Lärm völlig überfragt, weil sie die Botschaft der klassischen Meditation nicht verstehen und schon gar nicht sinnvoll im grauen Stressalltag nutzen können, die da lautet:

Geh in die Stille, schließe die Augen, konzentriere dich auf die Atmung und auf ein Leitwort, eine Leitmelodie. Diese Tiefenentspannung braucht aber mindestens 15 Minuten Verweildauer, eine Geduldsprobe, zu der Menschen unter Stress kaum noch in der Lage sind.

Ungeduld ist die prägende Erscheinungsform des Menschen unter Stress, ein Zustand der Rastlosigkeit des hoch erregten Gehirns, das der Stille der Meditation nicht gewachsen ist, eine ungewohnte Zeit, die an Langeweile erinnert. Hier setzt die neuro-physiologische Vagus-Meditation an. Mit ihr betreten wir die anatomischen Bahnen peripherer Hirnnerven, deren Signale in Sekunden im Hirnstamm auf die Schaltzentrale der Entspannung treffen, um von dort vom Vagus an den Körper weitergeleitet zu werden. Die Vagus-Meditation entspricht unserem Naturell, wir sind neurobiologisch auf sie programmiert und brauchen nur eine Taste zu drücken, einen Schalthebel umzulegen, um mit sofortiger Wirkung die erholsame Tiefenentspannung erleben zu können. Vor Ihrem »geistigen Auge« läuft ein innerer Film ab, der Ihre ganze Aufmerksamkeit finden wird. Und Sie werden zudem Ihr »erinnertes Wohlbefinden« auf den Plan rufen können, so dass positive Episoden glücklicher Empfindungen aus Ihrer Vergangenheit den Alltags-Stress verdrängen. Denn das Gehirn kann nicht unterscheiden zwischen Vorstellungskraft und Realität. Für Ihr Gehirn entfaltet der einmal erlebte schöne Sonnenuntergang am Meer seine ganze Vorstel-

Vertrauen Sie der Sekundenwirkung Ihrer Rettungsanker und schaffen Sie sich Ihre ganz persönliche Pausenkultur durch die innere Kraft des Großen Ruhe-Nervs.

lungskraft. Sie fühlen sich wieder glücklich wie damals, Glückshormone treten auf den Plan, die stressbedingten Sorgen und Ängste verlieren ihre bedrohliche Stärke.

Entspannung macht glücklich. Und Glück ist nicht nur ein Schicksal, das uns ereilt, Glück ist auch eine Frage unserer Emotionen, unserer Gefühle, unseres Herzens, das so offen ist für Anerkennung, Hoffnung und Liebe. Nicht unser Wille bestimmt unser Stimmungshoch, aber wir können hervorragend in Stimmung gebracht werden über das vegetative Nervensystem mit dem Vagus als Dirigenten an der Spitze. Das positive Denken in der glücklichen Stimmung wird über die Hormone des vegetativen Nervensystems gesteuert, ebenso auch die Missstimmung negativer Gedanken. Im Zustand der angespannten Überforderung stehen die Stresshormone des Sympathikus im Zentrum des Geschehens, das Adrenalin, das Noradrenalin und das Cortisol. Glücklich, entspannt, innerlich aufgerichtet fühlt man sich, wenn man dem parasympathischen System zur Dominanz verhilft. Über seine Initialzündung gelangen die Wohlfühl- und Glückshormone Dopamin und Serotonin in die Blutbahn. Die chronisch stressbedingten Erkrankungen Depression und Burnout können nur unter Kontrolle gebracht werden, wenn es gelingt, unter der Vorherrschaft des Vagus durch die Stimulation der Glückshormone das innere Wohlgefühl zu verstärken, damit die Stresshormone auf natürlichem Wege abgebaut werden können. Dieser Königsweg gegen das Burnout-Syndrom ist neuro-physiologisch in unserem Körper angelegt. Wir müssen ihn nur entdecken, um dann mit kleinen Schritten im Stressalltag zu beginnen, die Biochemie im Organismus zu verändern.

Gestresste Menschen haben alles, nur keine Zeit. Und so mangelt es ihnen oft an der Geduld, die aufgebracht werden müsste, um in zeitraubenden Seminaren ein Stressmanagement über Entspannungs- und Persönlichkeitsbewältigung lernen zu können. Die in diesem Buch vorgestellten sieben Rettungsanker hingegen sind schnell erfahrbar, aufbauend im grauen Stressalltag wirken sie innerhalb von Sekunden durch die glücksbringenden Aufhellungshormone. Sie schaffen also keine neuen Zeitprobleme in dieser schnellen Welt. Neben dem Serotonin ist es das Motivationshormon Dopamin, das uns aus der lähmenden Lethargie einer chronischen Stressbelastung herausführen kann. So können Menschen ihre depressive Stimmungslage überwinden, die Kraft der Bewegung neu erleben, zu der sie aus eigenem Antrieb nicht mehr in der Lage sind. Mit der Vagus-Meditation lernt man wieder die Geduld, die notwendig ist, um Dinge hinzunehmen, wie sie nun einmal sind, weil wir sie nicht ändern können. Und man lernt, danach Schritte der Veränderung zu wagen, die das Leben neu gestalten können. Nur so sind die Glückshormone in ihrer Wirkung wieder frei. Die chronisch stressbedingten Erkrankungen Depression und Burnout heilen nicht von allein. Im Sinne der Selbstorganisation, die allen natürlichen Prozessen eigen ist, sind wir jedoch in der Lage, kleine Schritte der Veränderung einzuleiten, damit die guten Anlagen in uns einen neuen Durchbruch erlagen können.

Glückshormone kontra Stresshormone! Glückshormone schenken uns den Elan, um durch Bewegung die Depressions-Burnout-Fesseln zu sprengen. Der Große Ruhe-Nerv gibt uns die Geduld, Dinge hinzunehmen, wie sie nun mal sind, aber auch die Kraft zur Überwindung möglicher Hindernisse.

4. Kapitel
Die Vagus-Meditation

Entspannung, besonders aber die Tiefenentspannung der Meditation, kann nur funktionieren, wenn von den neurophysiologischen Bahnen im Nervensystem in ihrer Verbindung zum »emotionalen Gehirn« ausgegangen wird. Hier ist die eigentliche Schaltzentrale der Meditation angesiedelt. Entspannungssignale erhält dieses Zentrum von Hirnnerven aus der Peripherie im Gesichts-Halsbereich. Bei diesen Nerven handelt es sich um ein besonderes Gewebe, das, ich habe es schon erwähnt, als nach außen verlagerte Hirnsubstanz betrachtet werden kann. Das ist der Wissensstand der Anatomie, auf den die klassische Meditation nicht ausgerichtet war oder ist. Ein rein empirisches Wissen, zu dem bislang keine medizinischen Untersuchungsergebnisse vorlagen. In jüngster Zeit hat sich dies allerdings nachhaltig geändert, denn die Studien zum Thema Meditation boomen – weltweit.

Alle Religionen unserer Erde haben ihre speziellen Entspannungsrituale durch unterschiedliche Konzentrationstechniken entwickelt, wobei es in diesem Erkenntnisprozess um die absolute Wahrheit geht, die jede Glaubensrichtung auf ihre Weise interpretiert. In der Vagus-Meditation geht es hingegen primär um den Einstieg in die Tiefenentspannung auf der geistig-körperlichen Ebene, ohne in die tiefen Stufen der Erkenntnis oder gar der Erleuchtung des Geistes vordringen zu wollen. In dieser Welt ist der Mensch einem ständigen Wechselbad zwischen Einheit und Zerrissenheit in der schöpferischen Spirale der Gegensätze ausgesetzt. Primär zielen alle Meditationsrichtungen auf ein Innehalten im ständigen Hin und Her störender Gedanken durch die Konzentration der inneren Sammlung, eingeleitet über die Achtsamkeit des Augenblicks. Allein hierdurch kann die äußere, hohe Reizstufe auf ein Minimum gesenkt werden. Im Zentrum dieses Geschehens steht aus neuro-physiologischer Sicht das vegetative Nervensystem. Eine wirksame Tiefenentspannung kann also nur dann gelingen, wenn die stressbedingte Sympathikus-Erregung durch die Dominanz des Vagus im parasympathischen System abgelöst wird. Nur auf diesem Weg ist der Mensch in der Lage, die für ihn notwendige und naturwissenschaftlich begründete Stressantwort durch Entspannung geben zu können.

Meditation hat für den Menschen aus meiner Sicht die nachhaltigste Gesundheitswirkung, die ich noch höher einstufen möchte als das allgemein bekannte Ausdauertraining oder die unterschiedlichsten Formen des Stretchings. Eine Erkenntnis, die sich Schritt für Schritt auch in der westlichen Medizin durchsetzt, dafür sprechen alle Studien, die in letzter Zeit zur Tiefenentspannung vorgelegt wurden. In kernspintomographischen Untersuchungen konnte sogar nachgewiesen werden, dass durch Meditation neue Gehirnzellen bis ins hohe Alter gebildet werden können, womit der Altersdemenz ihr Schrecken genommen werden könnte (Lazar S. et al.). Meditation ist aber auch ein hervorragendes Schmerzmittel. Denken wir allein an die ständig steigenden Rückenbeschwerden, die über Muskelentspannungen und Erweiterungen eines eingeengten Spinalkanals deutlich verbessert werden können. Verbinden wir darüber hinaus die Vagus-Meditation mit Ausdauertraining (Meditation & More), so verfügen wir über das Jahrhundert-Medikament im Stresszeitalter, kostenlos für jedermann und ohne Nebenwirkungen (siehe Seite 161 ff.). Aus Sicht der Human-Bionik ist diese Steigerung auf die komplexe Wirkung natürlicher Prozesse zurückzuführen, in denen das Ganze immer mehr ist als die Summe seiner Teile, was rein rechnerisch für die Aussage steht, dass 1 + 1 dann eben 3 und nicht nur 2 ergibt.

Leben ist Rhythmus im Wechsel der Gegensätze

Rhythmus ist immer eine Frage von Gegensätzen, auf einen betonten Zeitabschnitt im Leben folgt der unbetonte, so will es das Naturgesetz. Tag und Nacht, Frühling, Sommer, Herbst und Winter, das macht das Leben in seiner ganzen Fülle aus. In diesem Wechselspiel gibt es jedoch keine originalgetreue Wiederholung, kein Frühling gleicht dem anderen, und jeder Herbst hat seine eigene Färbung. »Du kannst nicht zweimal in denselben Fluss steigen, denn es kommt immer neues Wasser auf dich zu«, so das Credo des griechischen Philosophen Heraklit. Diese dialektische Grundaussage basiert zum einen auf Bewegung, zum anderen auf dem Wechselbad der Gegensätze. Die Welt ist voller Gegensätze, eine Herausforderung folgt der anderen, Stillstand kann es in dieser Lebensspirale nicht geben.

Rhythmus ist immer Ausdruck von Bewegung. Nehmen Sie die Meeresbrandung im Kommen und Gehen der Wellen, ein Wechselspiel zwischen Anspannung und Entspannung, zwischen der Kraftspitze des Wellenbergs zum ausgleichenden Wellental. Anspannung ohne die Veränderung der Entspannung signalisiert den Beginn eines Ungleichgewichts im Sinne einer Dysbalance, krankhafte Prozesse werden so in die Wege geleitet.

Sicher: Der Mensch braucht Stress, aber in richtiger Dosierung und in wechselnder Qualität durch die ausgleichende Pause. Dieser Eustress ist aber immer auch das Ergebnis eines aktiven Handelns, nach einer Zeit der Anspannung ist der Ausgleich über Entspannung in der schöpferischen Spirale angesagt. Das ist Gesundheit! Nur so kommt der Erkenntnisprozess des Menschen in Gang.

Denn nach einer Umrundung in der logarithmischen Spirale (s. Abb. S. 50) wird eine höhere Ebene erreicht, und in der Konfrontation mit den Gegensätzen dieser Welt gewinnt jeder Mensch seine persönlichen Erfahrungen, ein Reichtum an Erfahrung baut sich auf. Aus gutem Grund wurde daher in früheren Kulturen die Weisheit des Alters hoch geschätzt. Der Mensch ist in seinen Umwegen und Unwägbarkeiten vor Zwischenfällen nicht geschützt. Stürze auf den Boden sind Teil unseres Schicksals, sie lassen sich nicht immer vermeiden. Allerdings sollten wir nicht in Verzagtheit liegen bleiben, sondern uns von Neuem erheben, um dann reich an dieser Erfahrung den Wiederholungsfall vermeiden zu können.

Immer dasselbe macht dumm und krank, auf den richtigen Mix im Leben kommt es an, das ist ein natürlicher Rhythmus.

»Dosis facit venenum« – die Menge macht das Gift aus. Oder anders ausgedrückt: »Alles ist Gift, allein die Dosierung entscheidet.« Das war bereits der Leitspruch des berühmten Arztes im Mittelalter Theophrastus Bombastus Paracelsus von Hohenheim. Die Kunst in der Küche geht bereits von einer Prise Salz aus. Beim Umgang mit dem Alkohol wird es noch deutlicher. In kleinen Mengen ist er Medizin, in großer Dosierung wird er zum Gift. Ein, zwei Gläser Rotwein am Abend sind förderlich für Herz und Kreislauf, mit einer Flasche täglich beginnt die Sucht. Ebenso wirkt Bewegung in moderater Form gegen Bluthochdruck, Arteriosklerose und Typ-2-Diabetes, Bewegung mit Suchtverhalten hingegen kann kaum zur Gesundheitsförderung beitragen. Bewegung als neues Medikament muss also auch dosiert werden.

Goethe spricht über Rhythmus von zweierlei Gnaden, die besonders bei der Atmung in der Meditation zum Ausdruck gebracht werden können:

»Im Atemholen sind zweierlei Gnaden:
Die Luft einziehn, sich ihrer entladen,
Jenes bedrängt, dieses erfrischt,
So wunderbar ist das Leben gemischt.
Du, danke Gott, wenn er dich presst,
Und danke ihm, wenn er dich wieder entlässt.«

Neben der Atmung wird der menschliche Körper von einem zweiten Rhythmus bestimmt, ausgehend von dem hochdifferenzierten Herzmuskel im Wechsel zwischen Raumverkleinerung und Raumvergrößerung. In diesem Auf und Zu tritt das häufigste Antriebsprinzip der Natur in Erscheinung, das Konzept der Düse, das der Mensch nach langen Beobachtungen schließlich auch für die Luftfahrt entdeckt hat. Automatisch nutzen wir diesen Antrieb, wenn im Garten fernstehende Blumen bewässert werden sollen: Wir verengen den Gartenschlauch mit den Fingern, das Wasser sprüht in einem weiten Bogen. Eine Stromschnelle gehorcht denselben Prinzipien, Wasser, in die Enge getrieben, entlädt seine gespeicherte Energie (die Physik spricht von dissipativen Strukturen) im Getöse wirbelnder Turbulenzen.

So gesehen ist das Herz kein Motor, sondern ein Turboaggregat, das in der Anspannungsphase (Systole) das Blut in die Raumverkleinerung presst, um es hierdurch in Bewegung zu setzten. Kurz danach passiert das genaue Gegenteil, das Herz öffnet sich in der Diastole, ein negativer Unterdruck entsteht, und der ist wiederum in Lage, neues Blut aus der Lunge wie aus der Peripherie anzusaugen.

Eine entscheidende Rolle in diesem Wechsel spielt die Lunge in ihrem 16er-Ruhe-Rhythmus, ein Timing, das mit einer Melodie verglichen werden kann. Dabei schlägt das Herz in seiner optimalen 64er-Ruhefrequenz den Begleitrhythmus dazu. Das Ganze funktioniert dann optimal, wenn in der Vagus-Meditation die Atmung mit meditativer Musik kombiniert wird, so dass praktisch zwei Orchester miteinander musizieren. Diese besondere Form der Isomorphie (gleiches Schwingen verschiedener Körper) ist eine hochwirksame Form der Meditation.

Erleben Sie, wo immer Sie können, die besondere Tiefenentspannung meditativer Musik. Synchron zur Melodie bewegt sich die Atmung, wobei das Herz als Rhythmusinstrument den Takt dazu schlägt.

Meditation ist Rhythmus im Wechsel des Gleichen

Meditative Musik, meditativer Gesang eingeschlossen, zeichnet sich durch eine bestimmte Monotonie aus. Der Rhythmus in der Meditation wird nicht vom Wechsel der Gegensätze, sondern vom Wechsel des Gleichen bestimmt. Töne in einer bestimmten Höhe wiederholen sich in gleicher Reihenfolge, jeweils nur unterbrochen durch eine kurze Pause. Das hat eine lange Klostertradition, denken wir an die Gregorianischen Gesänge, die in der typischen Kirchentonart gesetzt sind. Auch die Passacaglia gehorcht diesen Gesetzen, wenn ein Musikstück aus Variationen über einer sich ständig wiederholenden Bassfigur besteht. Ebenfalls über eine lange Tradition verfügt das Psalmodieren, das »Kauen von Psalmen«, wenn Mönche in ihrem meditativen Gebet einen kurzen Text permanent wiederholen. Extrem in ihrem Gebetsverhalten sind in der griechisch-orthodoxen Kirche die Einsiedlermönche auf dem Berg Athos, die permanent das Herz-Jesu-Gebet auf den Lippen haben, sei es bei der Andacht, aber auch während ihrer Gartenarbeit – es begleitet sie bei all den Aktivitäten ihres Tages.

Gleiche Erfahrungen konnte ich als junger Chirurg im

Vietnamkrieg sammeln. Wir pflegten enge Kontakte zu buddhistischen Mönchen bei der Versorgung von Waisenkindern, die der Krieg hinterlassen hatte. Hieraus resultierte eine Einladung, die normalen Touristen immer verwehrt sein wird. Wir durften hautnah buddhistische Traditionen erleben. Dabei baute man auf meine Erfahrung als Chirurg. Junge Mönche wurden vor der Aufnahme in ihre Gemeinschaft einer extremen Prüfung unterzogen. Im meditativen Gebet mussten sie ihre Schmerztoleranz unter Beweis stellen. Vier kurze Räucherstäbchen brannten über eine Stunde auf der kahlen Kopfhaut, und sie brannten bis auf die Schädeldecke durch. Höchste Konzentration erreichten die Mönche durch ein Wiederholungsgebet, vorgetragen durch einen typischen Singsang, den ich mein Leben lang nicht vergessen werde. In endloser Monotonie folgten sechs Töne, die in steter Wiederholung durch zwei Töne eine Stufe tiefer ergänzt wurden. Ein monotoner Singsang nach dem Muster: Da-Da, Da-Da, Da-Da und danach zwei Töne tiefer noch mal ein Da-Da – eine Stunde lang. In dieser Szene geriet ich in einen tranceähnlichen Zustand, ein einmaliges Erlebnis.

Selbst Johann Sebastian Bach in seiner unerreichten Genialität greift in seiner Musik gerne auf meditative Elemente zurück. Bis zu 36 Mal wiederholt er Melodiefiguren am Anfang eines Musikstückes, um im Publikum Vertrautheit und Entspannung als erste Stufen der Meditation auszulösen. Ein bezeichnendes Beispiel ist seine Kantate »Vergnügte Ruh, beliebte Seelenlust«, deren erster Teil für die horizontale Dimension der Meditation steht. Im Anschluss folgt die senkrechte Ausrichtung im Sinne der Kontemplation, die Bach stets mit der Botschaft »Soli Deo Gloria« versehen hat.

> Musik in der Meditation braucht einen gewissen Minimalismus, dabei sind Melodien mit monothematischem Aufbau gefragt, wie die Präludien und Nocturnes des Barock.

Napoleon war in seiner Lebensführung als typischer Leistungsträger ein Stresstyp, der seine chronische Anspannung in jener umwälzenden Epoche auf seine typische Art ausgelebt hat. Angeblich war er nur auf vier Stunden Schlaf angewiesen, jeden Mehrbedarf setzte er mit Müßiggang gleich, nicht selten diktierte er simultan vier Briefe zur selben Zeit. Multitasking à la Napoleon. Von Musik ließ er sich entspannen, aber sie erreichte ihn nur, wenn sie eintönig war, wie er sich ausdrückte. Und damit bestätigt er die Meditationspraxis der vietnamesischen Mönche mit ihrem Singsang. Aus diesem Grund bevorzugte Napoleon die Musik des italienischen Komponisten Giovanni Paissiello, denn er behauptete: »Nur die Eindrücke, die sich wiederholen, haben Gewalt über uns.«

> Im alten Afrika kannte man die die Kraft der Wiederholung, von der auch die Meditation lebt, denn eine Botschaft wird durch die Wiederholung erst wahr.

Kann man Meditation fühlen?

Yes we can, um eine aktuelle Formulierung aufzugreifen. Vagus-Meditation ist die Ausdrucksweise des »emotionalen Gehirns«, somit die Sprache unseres Herzens. Wenn ich mir eine Sache zu Herzen nehme, dann verarbeite ich sie nicht rational über die Vernunft, sondern mit allen Gefühlen durch die enge Verbindung zwischen dem »emotionalen Gehirn« und dem »Herzgehirn«. Meditation wird also entscheidend geprägt von der Atmosphäre des »emotionalen Gehirns« in seiner engen Verbindung zum Herzen. Der Große Ruhe-Nerv ist die zentrale Verbindungsachse zwischen beiden. Es ist eine besondere Form des Schauens, des Betrachtens, des Empfindens mit großer Tiefenwirkung, ohne die kritische Bewertung all der Dinge um uns herum in den Vordergrund zu stellen.

In früheren Zeiten war Meditation oft ein visueller, optischer Zustand, wenn am Rande eines Kornfeldes Rast gemacht wurde und an einem sonnigen Tag der Wind Wellenmuster in das Feld zeichnete, so dass die Halme in wiegende Bewegungen versetzt wurden. Allein dieser Zustand des Verweilens vermittelte einen tiefen Frieden ohne zeitliche Begrenzung, in der sich körperliche Spannung in Wohlgefallen auflösen konnte. Dieses emotionale Szenario ist vergleichbar mit einem Sonnenuntergang am Meer, den wir im Zustand des Verweilens auf uns wirken lassen – eine positive Untergangsstimmung, zu der wir andere Menschen nicht nötig haben, ausgenommen die Person, die unserem Herzen am nächsten steht. Das sind echte Glücksmomente im Leben, in denen das »emotionale Gehirn« eng an das »Herzgehirn« herangeführt werden kann. Das Gehirn in seinem Erinnerungsspeicher ist später sogar in der Lage, diese emotionale Begebenheit jederzeit durch »erinnertes Wohlbefinden« erneut aufzurufen, so dass sich der Große Ruhe-Nerv mit großer Tiefenentspannung im Körper durchsetzen kann. Das Gehirn kann nicht unterscheiden zwischen der Vorstellungskraft der Erinnerung und der Realität. Anders ausgedrückt: Für das Gehirn findet in der Meditation der beeindruckende Sonnenuntergang vergangener Tage in der Gegenwart wirklich statt. Glückliche Momente sind die beste Nahrung für unser Selbstbewusstsein.

Schließen Sie mit Beginn der Vagus-Meditation die Augen und rufen Sie wiederholt aus Ihrem Erinnerungsspeicher die Höhepunkte besonderer Augenblicke aus Ihrer Vergangenheit auf, in denen Sie sich absolut glücklich, kraftvoll und vital gefühlt haben. Mönche sehen den glatten Wasserspiegel eines Sees als die passende Metapher für Meditation, in dessen kristallklarem Wasser sich die Sterne des Himmels spiegeln können. Jedoch Stille allein genügt nicht, wenn wir der Meditation gerecht werden wollen. Die Tiefenentspannung wird zum einen von dem Bild »still ruht der See« vermittelt, zum anderen aber auch von der tiefen Sicht auf den Grund der Dinge, ergänzt vom Spiegelbild der leuchtenden Sterne des Himmels in ihrer grenzenlosen Dimension.

Meditation kann man auch hören, denken Sie nur an das Rauschen des Waldes oder an das leichte Plätschern der Wellen, die in ständiger Wiederholung den Strand erreichen. In meinen Seminaren am Meer wird von Teilnehmern bevorzugt ein Zimmer mit Meeresblick verlangt, weil man die Erfahrung gemacht hat, dass dieser Wellenrhythmus eine erholsame Nachtruhe unterstützt. Vielleicht wird man auf diese Weise wieder in die Zeit embryonaler Entwicklung in unserem »Wasserschloss« zurückversetzt, in der man von Wiegebewegungen oder durch Wiegenlieder in den wohligen Schlaf geführt wurde.

In diesem Zusammenhang kennt man die Wirkung meditativer Musik, die in ihrem Timing durchaus mit dem zarten Plätschern der Wellen am Meer verglichen werden kann. Sie wird gekennzeichnet durch den monothematischen Aufbau der Melodie (siehe Seite 148 ff.), die getragen wird von Schwingungen, die mit dem Kommen und Gehen von Meereswellen zu vergleichen sind. Diese besondere Form der meditativen Musik haben die Komponisten des Barock beeindruckend in ihren Präludien und Nocturnes zum Ausdruck gebracht. Denken wir an den Kanon in D-Dur von Pachelbel, der in seinem Melodieaufbau dem Rhythmus unserer Atmung sehr nahe kommt. Unser Ohr in seiner engen

Verbindung zum »emotionalen Gehirn« ist in seiner meditativen Ausrichtung besonders auf tiefe Töne programmiert. Töne mit hohen Frequenzen stimulieren eher den Sympathikus mit seiner extremen Erregungsstufe, vergleichbar der E-Saite auf der Geige. Hierauf geht auch der Erfolg der Don Kosaken zurück, die mit ihren dunklen männlichen Bässen im Publikum tief gehende emotionale Momente hervorrufen können. In diesem Zusammenhang müssen auch die dunklen Vokale genannt werden, das A, das O und das tiefe U. Auch harmonische Akkorde wirken meditativ, wie mir die russische Komponistin Sofia Gubaidulina von der Hamburger Musikhochschule berichtete. Nach ihrer Erfahrung nähert sich der konsonante Rhythmus der logarithmischen Spirale mit ihren Fibonacci-Zahlen und somit dem »Goldenen Schnitt«. Der dissonante Rhythmus dagegen entfernt sich. In diesem Zusammenhang stoßen wir in eine Dimension vor, die die Grenzen menschlichen Denkens erreicht und die uns mit dem Physiker Jakob Bernoulli zusammenbringt, der das Ende der logarithmischen Spirale in der Ewigkeit gesehen hat.

Gemälde oder Bilder wirken dann meditativ, wenn sie eine hohe emotionale Ausstrahlung haben, wie die Mona Lisa eines Leonardo da Vinci, dem dieses Kunststück aber nur dadurch gelang, weil er nach den Regeln des »Goldenen Schnitts« vorgegangen ist. Hinzu kommen gedeckte Farben, auf die ebenfalls das »emotionale Gehirn« anspricht, nicht ein grelles Gelb, ein schreiendes Rot oder ein pinkfarbenes Rosa, dafür das zarte Grün, das satte Braun-Rot oder ein gedecktes Blau. Die Signalfarben Weiß, Gelb oder das knallige Rot eignen sich mehr für die Darstellung von Kontrasten, sollten jedoch in der meditativen Gestaltung eines Bildes eher im Hintergrund verschwinden. Eine stürmische See oder gar ein brennendes Haus rufen verständlicherweise eher unseren Kampf- und Flucht-Nerv auf den Plan als den

Großen Ruhe-Nerv. Dieser findet sich vielmehr in dem Auf und Ab einer Wüstenlandschaft wieder oder auch in einer grünen Wiese, die in steter Wiederholung von gelben Sumpfdotterblumen aufgelockert wird.

Ecken und Kanten haben in der Meditation nichts zu suchen, sie entsprechen der linearen Mechanik und passen nicht zu einer natürlichen Landschaft. Das ist auch der Grund, weshalb wir uns in alten Kellergewölben mit Rundbögen so wohlfühlen. Langsam beginnt die moderne Architektur das zu begreifen, ein Umdenken, das mit den Olympischen Spielen 1972 in München spektakulär in Szene gesetzt wurde. Hier ist es dem Stuttgarter Architekten Frei Otto zu verdanken, der das Dach des Olympiastadions dem natürlichen Gitter eines Spinnennetzes nachempfunden hat.

Meditation findet ihren Ausdruck auch in der Bewegung, wenn sie den Gesetzen der Harmonie im Sinne der logarithmischen Spiralbewegung entspricht. Harmonie ist immer Ausdruck eines ausgewogenen Schwingungsverhaltens, beherrscht von Richtschwung und Gegenschwung, wobei die ausgleichende Ausholbewegung des Gegenschwungs die Harmonie einer Bewegung entscheidend zum Ausdruck bringt. Denken Sie nur an den Tango oder an den spanischen Flamenco, wenn jeder Schritt nach vorn primär über den Gegenschwung eingeleitet wird, ausdrucksvoll vorgetragen von Frauen in schwingenden Röcken. In dieser Reihenfolge findet ein optimaler Energietransfer im menschlichen, aber auch im tierischen Körper statt. Nur so kann die Schwerkraft beim Laufen optimal überwunden werden. Einzigartig beherrscht der Gepard in seinen weiten Sprüngen das energiefördernde Gegenschwungprinzip der Bewegung, ein Weltmeister im Sprint, der schon nach wenigen Sekunden 120 Kilometer pro Stunde erreichen kann. Vor dem perfekten vorderen Richtschwung erfolgt der energiefördernde Gegenschwung der Beine bis hin zum Spagat. Elegant, harmonisch, aber immer raumgreifend tritt dieser Wunderläufer in Erscheinung. Das ist es, was dieses Tier in der Jagd bei Seinesgleichen praktisch unschlagbar macht.

Die besondere Faszination des Tanzes geht also von harmonischen Bewegungen aus, von einer Schönheit, in der Zeit und Raum grenzenlos erscheinen. In gleitenden, schwebenden Spiraldrehungen scheint der menschliche Körper von den Ketten der Schwerkraft befreit. In diesen Zustand fühlten sich die Zuschauer in Paris 1928 bei der Uraufführung des »Bolero« von Ravel versetzt, vorgeführt durch eine Musik, die mit der abendländischen Konzerttradition der Themenkontraste brach und stattdessen minutenlange Themenwiederholungen in den Vordergrund stellte, Musik also mit typisch meditativem Charakter. Die Aufführung erreichte ihren Höhepunkt, als eine Tänzerin der Compagnie Ida Rubinstein auf einen Tisch sprang. Nun vereinigte sich der wiegende Rhythmus des Orchesters mit den harmonischen Schwüngen der Tänzerin, und durch die meditativen Grundelemente Wiederholung und Konzentration wurde plötzlich die ganze Aufmerksamkeit des Zuschauerraums auf diesen zentralen Punkt der Bühne fokussiert. Die Wirkung war unbeschreiblich, das reinste Chaos. Die Zuschauer tobten, und einige konnten nur noch schreien: »Er ist verrückt, er ist verrückt!« Auch hierzu ist Meditation in der Lage, wenn sie denn exzessiv betrieben wird: Ein tranceähnlicher Zustand tritt in Erscheinung, in dem der Mensch die Kontrolle über sein zentrales Nervensystem verlieren kann. Dieser Zustand der Entrückung durch intensives Tanzen ist auch den Naturvölkern nicht fremd. Bei den Sioux-Indianern in Nordamerika kannte man den Sonnentanz, der über mehrere Tage ohne Essen, Trinken und mit Schlafentzug vorgetragen wurde. Während des Tanzes veränderte sich sogar das Schmerzbewusstsein der Teilnehmer derart, dass bewusst beigebrachte Wunden praktisch kaum noch wahrgenommen wurden.

Bei Bewegung geht es aber nicht nur um Schönheit, sondern auch um den optimalen Energietransfer, der nur dann im Schwerkraftfeld der Erde auf hohem Niveau gehalten werden kann, wenn die Regeln der rhythmischen Spiralkinetik beachtet werden. Dabei stoßen wir auf Entwicklungen, wie sie in der Vergangenheit in der Leichtathletik beobachtet werden konnten. Lange hat man im Hochsprung mit unterschiedlichsten Sprungtechniken experimentiert, bis es schließlich dem Amerikaner Dick Fosbury gelang, mit einer völlig neuen Spiraltechnik alles bisher Dagewesene auf den Kopf zu stellen. Der Mut des Sportlers zum Neuen wurde mit der Goldmedaille im Hochsprung in Mexiko City belohnt. Auch beim Kugelstoßen war es nicht anders, bis die Drehtechnik der Spirale die einseitige lineare Ausrichtung ersetze und der Weltrekord pulverisiert wurde. Dass uns Bewegung in der Spirale auf den Leib geschrieben ist, zeigt auch der Wiener Walzer, der von den fröhlichen Gesichtern der Tanzenden abzulesen ist. Der Sprungfedereffekt der Spirale ist es, der das schwerelose Gleiten der Paare auf dem Parkett ermöglicht. Auch der Eiskunstlauf kennt die hohe Sprungwirkung der spiralförmigen Pirouette, so dass sogar dreifache Körperdrehungen ermöglicht werden.

Tanz in der Meditation ist Bewegung mit allen Sinnen, nicht wie von Sinnen. Tanz ist harmonische Bewegung in Zeit und Raum, wobei er in Spiralform seine absolute Vollendung findet.

Unser pränatales Bewusstsein

Die Körperzelle denkt von Anfang an, das ist der revolutionäre Denkansatz des Pariser Ohrenarztes Alfred Tomatis.

Exakt konnte er nachweisen, dass das Ohr des Fötus früher als jedes andere Organ im Uterus angelegt ist, voll zwischen der 16. und 18. Schwangerschaftswoche. Und dabei beginnt die Funktion des Hörens noch wesentlich früher. Auch das Gehirn ist zu diesem Zeitpunkt bereits so weit entwickelt, dass es Tonbotschaften speichern kann. Aber nicht nur das, die Vernetzung der Gehirnzellen hat zu diesem Zeitpunkt einen Standard erreicht, die Informationssignale auch miteinander zu verbinden, zu assoziieren. Mit dem Hören entwickelt sich das »emotionale Gehirn« als Sinneszentrale. Das kindliche Gehirn spürt neben den Tönen tiefste Gefühle auf, wobei diese »Stimmen« mit der aktuellen Stimmung als »erinnertes Wohlbefinden« eng miteinander verbunden werden. Eine beeindruckende Vernetzung der Neuronen nimmt ihren Anfang, und auf diese Kommunikationsebene kann auch im späteren Leben durch die Meditation jederzeit zurückgegriffen werden. Das entstehende Wesen fühlt sich wohl und geborgen, praktisch rundum versorgt in seinem kleinen »Wasserschloss«, eine positive Stimmungslage in enger Verbindung zu den wechselnden Klangmustern im Uterus ist die Folge.

> *Mit Beginn des Hörens in seinem behüteten »Wasserschloss« reagiert das kleine Wesen nicht allein auf Stimmen, es nimmt auch die Stimmung, die Atmosphäre wahr, die von der Urerfahrung meditativer Tiefenentspannung geprägt ist.*

Zu keinem Zeitpunkt des späteren Lebens erlebt der Mensch die Wiederholung dieses pränatalen Zustandes der Geborgenheit, der Tiefenentspannung, schützend von mütterlicher Nähe getragen. Unser pränatales Bewusstsein, das so entscheidend durch Stimmen und positive Stimmung geprägt wurde, kann also im späteren Leben durch Vagus-Meditation jederzeit aus der Erinnerung abgerufen werden. Das ermöglichen in unserem Gehirn sogenannte Spiegelneuronen, entdeckt von dem Hirnforscher Giacomo Rizzolatti, der nachweisen konnte, dass beim Abrufen von Ereignissen aus der Vergangenheit die gleichen Gefühlsäußerungen im »emotionalen Gehirn« entstehen wie im realen Erlebensfall – prägende Voraussetzung des »erinnerten Wohlbefindens«. Das Gehirn macht also keinen Unterschied zwischen Erinnerung und Realität: Was wir aktuell erleben, löst dieselben Emotionen aus wie Erinnerungsbilder aus der Vergangenheit. Aber ebenso sind es Beobachtungen von Handlungen, die in unserer Umgebung stattfinden, die unser Mitgefühl auslösen können. Die Spiegelneuronen sind also nicht nur auf Episoden aus der Vergangenheit ausgerichtet, sondern sie sprechen auch auf die Erscheinungsbilder anderer Menschen an. Allein ein »Lachen mit den Augen«, ein freundlicher Blick auf den Nachbarn genügt, um ansteckend auf die Spiegelneuronen zu wirken. Ebenso tragen die glücklichen Augen beschenkter Kinder dazu bei, dass die Stresshormone deutlich gesenkt werden. Aber nicht allein in der Person, die nimmt, sondern auch in der, die gibt. Damit beruht das »erinnerte Wohlbefinden« des Gehirns auf drei entscheidenden Aspekten:

- Das Prinzip der Wiederholung prägt unser Erinnerungsvermögen, denn damit gewinnt eine Botschaft an Bedeutung. Das Gehirn sagt sich: Alles, was wiederholt wird, ist wichtig und sollte gespeichert werden.
- Emotionen, Intuitionen haben einen hohen Erinnerungswert. Erlebnisse, die uns begeistern, innerlich berühren und anspornen, lösen auch eine hohe Lernbereitschaft aus.
- Dank der Spiegelneuronen im Gehirn können die Stresshormone des Schenkers durch die leuchtenden Augen des Beschenkten gesenkt werden.

Unsere pränatale Zeit war eine Periode hoher Emotionen, getragen allein von der Liebe und all den guten Gedanken, die die Mutter tief aus ihrem Herzen auf das kleine Wesen übertragen hat. Die Atmosphäre in diesem »Wasserschloss« war außerdem durchdrungen von Rhythmen, die für die frühkindliche Grundprägung weitere entscheidende Akzente setzten. Die Rede ist von der rhythmischen »Klangwelt Uterus«, die zum einen beherrscht wird von der Atmung der Mutter, zum anderen vom Herzschlag. Neben dem akustischen Signal waren es wellenartige Muster elektromagnetischer Schwingungen, die an das kindliche Innenohr drangen, einmal hervorgerufen durch den »Wechselgesang« der Lunge zwischen Ein- und Ausatmen, zum anderen ausgelöst durch den Herzschlag in steter Wiederholung von Systole zu Diastole. Das Atemgeräusch ist das Schwingen der Lungenbläschen in ihrem monotonen Ch-Ch-Ch-Ch, vergleichbar dem Rauschen der Blätter eines Baumes im Wind. Die Minutenfrequenz der Atmung beträgt 16: 16 Mal ein und aus. Diese Zahl entspricht unserer Ruheatmung, ein Timing, das von typisch meditativer Musik durch ein führendes Melodiethema aufgegriffen werden kann. Die Synchronisation zwischen Ruheatmung und einer vorgetragenen Melodiefigur ist für die Tiefenentspannung überaus wichtig. Zum einen fördert es die allgemeine Konzentration nach der Vorgabe permanenter Wiederholung, zum anderen die Fokussierung unseres Denkens auf einen Punkt, durch den unser negatives Denken mit seinen Sorgen und Ängsten ausgeblendet werden kann. Zu dieser Melodie schlägt das Herz seinen Takt von 64 Schlägen (Minutenschlagzahl des gesunden Herzens in Ruhe), einer taktbestimmenden Rhythmusgruppe entsprechend. Dabei folgt Dumm-Tack auf Dumm-Tack. Das »Dumm« ist der dumpf klingende Muskelton in Zusammenhang mit dem Anspannen des Herzmuskels, das »Tack« signalisiert den hell klingenden Klappenton, der beim Umschlagen der Herzklappen entsteht und der mit dem Flattern von Segeln im Wind verglichen werden kann. Wenn man so will, haben wir es hier mit einem »internen Orchester« zu tun, dessen Klang in diesem geschützten Raum der Geborgenheit optimal von der Mutter auf das kindliche Innenohr übertragen wird.

In diesem Konzert tritt außerdem die Mutter mit ihrer hellen Stimme als Solistin in Erscheinung. Ihre Stimme dringt aber nicht per Luftleitung an das kindliche Ohr, sondern über die Knochenleitung via Halswirbelsäule – Brust – Lendenwirbelsäule – Beckenring. Der übrige Geräuschpegel ist unregelmäßig und spielt für die spätere meditative Grundprägung des Kindes keine entscheidende Rolle.

Diese pränatale Klangwelt ist nachhaltig geprägt von der engen Verbindung des Ohres zum »emotionalen Gehirn«. Und der Hörsinn wird zu unserem wichtigsten Sinnesorgan. Im Zentrum dieser vegetativen Regulierung steht wiederum der Vagus, unser Großer Ruhe-Nerv, der damit seiner meditativen Grundbestimmung immer mehr gerecht wird. Durch die enge Verbindung des Innenohres zum Gleichgewichtsorgan des vestibulären Systems kann das Gehör auch Einfluss auf den Bewegungseinsatz jedes Muskels im Körper nehmen. Hieraus leitet sich auch die hohe Gesundheitswirkung des Bewegungs- und Koordinationstrainings als Tanzjogging auf dem Minitrampolin ab (siehe Seite 165 ff.), so dass sich dieses Gleichgewichtstraining überaus positiv auch bei der Tinnitus-Behandlung auswirkt. Gleichzeitig ist das Ohr auch ein hoher Energieträger für das Gehirn, das 90 Prozent seiner elektromagnetischen Energie auf diesem Wege zugeführt bekommt.

Das Ohr als wichtigstes Sinnesorgan des Menschen hat also einen hohen elektromagnetischen Energieeffekt auf das Gehirn. Über das Gehör wird jeder muskuläre Bewegungsreiz kontrolliert, und bei der Regulierung des vegetativen Nervensystems spielt die Verbindung des Vagus zwischen Innenohr und »emotionalem Gehirn« eine entscheidende Rolle.

Die Erlebniswelt in pränataler Zeit ist voller Emotionen, eine Gefühlswelt, die für Stille, Ruhe, Tiefenentspannung steht und auf die wir jederzeit mit unseren Spiegelneuronen im grauen Stressalltag zurückgreifen können. In diesem Zusammenspiel nimmt die Atmung die Rolle eines Soloinstrumentes ein, zu dem das Herz seinen Takt schlägt. Und hieraus verstehen wir jetzt die außerordentliche Bedeutung der Atmung in der Vagus-Meditation, die uns nicht nur über das »erinnerte Wohlbefinden« in die pränatale Zeit der Tiefenentspannung zurückführen kann. Ergänzend bewirkt speziell das Ausatmen über seine parasympathische Anbindung an das »emotionale Gehirn« eine nachhaltige Vertiefung der Entspannung, die über das parasympathische Herzgeflecht auch das gesamte Herz-Kreislauf-System mit einbezieht. Ein Tatbestand, aus dem vor allem die gesundheitsfördernde Wirkung nicht nur des Singens, sondern auch der Musik erklärt werden kann, wobei deren monothematischer Aufbau die meditative Anti-Stresswirkung verstärkt.

Vagus-Meditation bei chronischen Schmerzen

Das Leid ist ein fester Bestandteil der menschlichen Existenz, körperliche Schmerzen sind eng mit dem Leben verbunden. Akute Verletzungen sind frühe kindliche Erfahrungen, deren Erinnerungen noch lange in uns nachklingen können. Akute Schmerzen treffen uns vielfach heftig, können aber ebenso schnell wieder abklingen. Koliken bewirken nicht selten dramatische Situationen, etwa wenn ein Nierenstein im engen Harnleiter festgeklemmt ist oder wenn bei einer Fehlbelastung des Rückens ein akuter Bandscheibenvorfall auf die Nervenwurzel trifft. Will man dem Leidenden eine wirksame Hilfe zukommen lassen, hilft in solchen Fällen nur noch die Betäubung durch Morphium.

Hält ein Schmerz allerdings weit über das normale Heilungsmaß hinaus an oder scheiden körperliche Gebrechen oder Verletzungen aus, spricht man von chronischen Schmerzen. Einer Studie von 1996 bei Angestellten in den USA zufolge leiden zwei Drittel der Arbeitnehmer an chronischen Beschwerden. Chronische Schmerzen können unser Leben verändern, uns die Lebensfreude rauben. Allerdings sind wir diesen Belastungen nicht schutzlos ausgesetzt. Wenn wir Einfluss auf die Schmerzverarbeitung nehmen, wird unser Leben wieder lebenswert, und wir sind den häuslichen wie beruflichen Belastungen gewachsen.

Unser Gehirn erkennt Schmerzsignale. Der innere Befehl der Schmerzvermeidung folgt unmittelbar, sobald Sie Ihre Hand auf eine heiße Kochplatte legen. Reflexartig verkürzen sich die regionalen Muskeln, Sie ziehen die Hand von der glühenden Fläche zurück. Da die Ursache für die Schmerzen inzwischen behoben ist, signalisieren Gehirnzellen an entsprechende Nerven, keine weiteren Schmerzsignale auszusenden. Bei chronischen Schmerzen allerdings versagt dieser Regelkreis, das Nervensystem sendet über Monate und Jahre hinweg Schmerzimpulse zum Gehirn, obwohl ein ursächlicher Befund im Sinne einer Verletzung überhaupt nicht mehr vorliegt. Das Gehirn verfügt nämlich über ein Schmerzgedächtnis, es kann einen chronischen Schmerz über Jahre vortäuschen, obwohl objektive Schäden nicht mehr nachzuweisen sind.

Verständlicherweise verändern Menschen mit chronischen Schmerzen auch ihr Verhalten. Insbesondere das »emotionale Gehirn« in seiner Gefühlswahrnehmung reagiert, wenn keine optimale Antwort auf die Frage gegeben wird: Warum werde ich permanent von Schmerzen heimgesucht? Freunde ziehen sich zurück, weil sie die ständigen Gespräche über den Leidensdruck nicht ertragen.

Die Psychologie kennt zwei gewinnbringende Krankheitsmomente:

- Beim primären Krankheitsgewinn wird die Überbewertung von Leid häufig als »Lückenbüßer« für erduldete Defizite im Leben eingesetzt. Im Fall der Arbeitslosigkeit wird die fehlende Aufgabe durch Krankheit ersetzt.
- Ein sekundärer Krankheitsgewinn wird erreicht, wenn in die leidvolle Misere auch das ganze Umfeld mit Familie und Freunden einbezogen wird.

Schmerzgeplagte Menschen sind jedoch schwer davon zu überzeugen, dass ihre Einstellung zu ihrem Leidensdruck geändert werden muss, wenn der fehlerhafte Kreislauf durchbrochen werden soll. Speziell im Fall der chronisch stressbedingten Erkrankungen klaffen objektiver Befund und Einbildungskraft oft weit auseinander, auch wenn man in der westlichen Medizin an der Wirkung von Placebos nicht vorbeikommen konnte. Allerdings wurde ihnen nur eine Minimalwirkung von maximal 30 Prozent eingeräumt. Wieder stoßen wir an die Grenzen der materiell betonten Zellularpathologie, die in ihrer mechanischen Grundeinstellung nur das als real einstuft, was sie mit objektiven Untersuchungsmethoden durch Laboranalysen, Röntgenaufnahmen etc. beweisen kann. In diesem Denken ist der Spannungszustand des Energie- und Informationsfeldes im Raum der Leere nicht vorgesehen, weil er von der üblichen Apparatemedizin nicht erfasst werden kann. Das große Kraftpotenzial der Einbildung, des Glaubens, der Hoffnung durch Überzeugung kann nicht über Computertomogramme dokumentiert werden und ist somit nicht existent. Auch in diesem Punkt musste sich die Einstellung der westlichen

Über das »emotionale Gehirn« können Glaube, Liebe, Hoffnung eine starke Einbildungskraft erzeugen, Placebo hat nicht 30, sondern mindestens 70 Prozent Wirkung.

Medizin ändern, denn nachweislich ist die Placebo-Wirkung nicht mit 30, sondern mit minimal 70 Prozent einzustufen.

Die Überzeugungskraft ist eine überaus wirkungsvolle Lebensgröße, die auch fühlbare, reale Schmerzen hinterlassen kann. Stress und Burnout schaffen einen Leidensdruck, der sich in seinen vielfältigen Facetten in der Regel den Diagnoseverfahren entzieht. In meinen Seminaren treffe ich vermehrt auf Menschen, die an stressbedingten Beschwerden erkrankt sind, sich aber von ihren behandelnden Ärzten an den Rand gestellt fühlen, weil alle Untersuchungsergebnisse negativ aufgefallen sind.

Wie bereits berichtet (siehe Seite 19 ff.), wirkt Stress dreidimensional auf den menschlichen Körper: allgemein, peripher und zentral. Und entsprechend ist auch die Lokalisation der Schmerzen aufgeteilt.

- Allgemeine Beschwerden stehen in Zusammenhang mit Bewegungsmangel an computergestützten Arbeitsplätzen. Die Folgen sind Bluthochdruck, Adipositas, Fettstoffwechselstörungen, Typ-2-Diabetes (Tödliches Quartett). Im Vordergrund stehen Leistungsverluste, Atembeschwerden. Angina-pectoris-Syndrome verbunden mit Schmerzen in der linken Brustwand, nicht selten einstrahlend bis in den Rücken, den linken Arm und bis in den Unterkiefer hinein.

Akute Schmerzbehandlung durch den Großen Ruhe-Nerv mit der Vagus-Meditation, weil der Blutdruck nachweislich gesenkt werden kann. Über die Verlangsamung der Herzfrequenz und durch die Beruhigung der Atmung wird das allgemeine Sauerstoffangebot deutlich verbessert. Abbau der Schmerzen durch den Spannungsabbau über die Stimulation aller Parasympathikus-Aktivitäten. Langfristig kann der fehlerhafte Kreislauf nur durch das atemgesteuerte Ausdauertraining durchbrochen werden, und wenn das Bewegungsprogramm ergänzend mit der Vagus-Meditation verbunden wird (Meditation & More), ist mit hervorragenden Heilungsergebnissen zu rechnen (Detailangaben finden Sie in »Natürlich gesund«).

- Periphere Schmerzen sind die Folge monotoner Belastungen besonders der Arme und Hände, die nur noch als verlängerte Hebel an Motor oder Computer eingesetzt werden. Schmerzhafte Spannungen der Arme, des Nackens und des Rückens sind Folge, die unter der modernen Berufskrankheit RSI (siehe Seite 20) zusammengefasst werden. Neben den chronischen Rückenschmerzen steht das »Mausklick-Syndrom« an der Spitze, das besonders in der Nacht Schmerzen an der betroffenen Hand verursacht, die häufig mit Sensibilitätsstörungen in Zusammenhang stehen.

Schmerzbehandlung des RSI-Syndroms durch wiederholtes Gegenschwung-Stretching über sieben Sekunden, bei anhaltender Belastung auf der Tastatur im Zwei-Stunden-Rhythmus (Detailangaben siehe »Natürlich gesund«). Die Entspannungswirkung des Gegenschwung-Stretchings wird nachhaltig durch den Großen Ruhe-Nerv unterstützt, weil hierdurch die schmerzhafte Muskelverspannung beseitigt wird, die wesentlich die Beschwerden unterhält, worauf besonders stark die vorherrschenden Rückenschmerzen ansprechen.

- Zentrale Beschwerden sind chronische Kopfschmerzen in Zusammenhang mit Stress und Burnout. Im Vordergrund stehen jedoch die Kreativitätsverluste durch die hohe Dichte zentral zu verarbeitender Sinnesreize. Schlafstörungen führen zwangsläufig zu einer verminderten Konzentration bei der Bewältigung anfallender Herausforderungen. Körperliche Schmerzen stehen vielfach im Zusammenhang mit der hohen Sympathikus-Erregung, die verantwortlich ist für wechselnde muskuläre Beschwerden, die in unterschiedlichen Körperregionen auftreten können.

Schmerzen bei zentralem Stress und Burnout können die unterschiedlichsten Regionen des gesamten Stütz- und Bewegungsapparates erfassen, oft in Verbindung mit negativen Untersuchungsergebnissen. Im Vordergrund steht der Spannungskopfschmerz, aber auch Rücken- und Gelenkbeschwerden sind hier zu nennen. Vertrauen Sie sich ganz der Wirkung des Großen Ruhe-Nervs an, nutzen Sie bei jeder Gelegenheit die sieben Rettungsanker gegen Stress und Burnout. Schaffen Sie sich Ihre ganz persönliche Pausenkultur und denken Sie daran: Das entscheidende Wirkungsprinzip der Vagus-Meditation ist die Wiederholung, durch die eine notwendige Änderung des Lebensstils auf Dauer garantiert werden kann.

5. Kapitel
Die Achtsamkeit des Augenblicks in der Vagus-Meditation

Bewusste Achtsamkeit ist die Konzentration des Geistes auf einen Punkt, vergleichbar einem Kristall, der das Licht brennpunktartig auf das Wesentliche projiziert. In dieser Beziehung stehen sich Einheit und Zerrissenheit als bipolare Ausrichtungen in der schöpferischen Spirale gegenüber. Zugleich geht es um das Vermögen, wesentliche Dinge von unwesentlichen zu unterscheiden, um die Gegenwart nicht noch mit den Sorgen und Ängsten der fernen Zukunft zu belasten. Achtsamkeit ist die Konzentration unseres Handelns mit voller Aufmerksamkeit des Geistes auf ein Geschehen, so dass im Sinne der Entschleunigung die Zeit ihre begrenzende Wirkung verliert. Ruhe, Entspannung und Gelöstheit gewinnen in uns an Raum.

Ein weiser Mann wurde nach dem Grund seiner Gelassenheit gefragt: »Wenn ich sitze, dann sitze ich, wenn ich stehe, dann stehe ich, und wenn ich gehe, dann gehe ich!« Aber das machen wir doch auch. Er widersprach: »Wenn ihr sitzt, dann steht ihr schon, wenn ihr steht, dann geht ihr schon, und wenn ihr geht, dann seid ihr mit euren Gedanken schon am Ziel.«

Unsere Gegenwart ist alles andere als von der konzentrischen Kraft der Einheit geprägt, weil die Multitasking-Gesellschaft durch die Zerrissenheit ständig wechselnder Informationen ausgewiesen ist. »Papanca« ist der asiatische Ausdruck dieses permanenten Hin und Her, analog zum »Affengeist«, der das Tier unaufhörlich von Ast zu Ast springen lässt. Achtsamkeit ist Entschleunigung, weil sich die Zeit in konzentrierter Aufmerksamkeit verliert – man vergisst sich im Tun. Achtsamkeit ist Begeisterung durch Aufmerksamkeit, in der man aus der Vielzahl der Ereignisse ein Geschehen herausgreift, um tief in seine Geheimnisse einzudringen. Der Glücksforscher Mihály Csíkszentmihályi hat diesen Zustand mit Flow umschrieben, denn in diesem Verhalten verliert sich die Zeit, Sekunden werden zu Minuten, Minuten zu Stunden. Diesen positiven Flow-Effekt erlebt ein Kind im Spiel: Es vergisst alles um sich herum, sogar seine Eltern. Flow erleben Chirurgen in ihrer konzentrierten Arbeit ebenso wie Musiker oder Dirigenten, die mit ihrer Aufmerksamkeit ganz in der Musik aufgehen können. Der moderne Wellness-Begriff wird von der Mehrzahl der Menschen als Maximierung der Lust unter dem gleichzeitigen Ausschluss des Schmerzes verstanden – eine Einbahnstraße, die eher das Gegenteil bewirkt. Denn Glück ist immer Ausdruck der Fülle des Lebens, komplex in einer Welt wechselnder Gegensätze. Liebe lebt von Nähe und Abstand, so wie die Tatsache, dass Glück auf Dauer nur schwer zu ertragen ist. Auch der Schmerz ist ein prägender Ausdruck des Lebens, aus dem der Mensch nach seiner Überwindung nur gestärkt hervorgehen kann. Das war schon die Erkenntnis des antiken Philosophen Epikur:

> »Der Wert aller Dinge dieser Welt wird von Lust und Schmerz bestimmt. Und die Voraussetzung von Glückseligkeit ist die Befreiung von Schmerz und Angst.«

Das Glückgefühl entspringt immer der Ausgewogenheit zwischen unseren Ansprüchen und unseren Möglichkeiten sowie einer Einstellung der Gelassenheit, die es uns ermöglicht, die Dinge um uns herum, die wir nicht ändern können, hinzunehmen, wie sie nun einmal sind. Hingabe ist eine weitere Form der Achtsamkeit. Eine Steigerung, wenn man so will, indem man sich mit ganzem Herzen einer Sache oder einem Menschen hingeben kann. Hingabe und Achtsamkeit können sogar eingeübt werden, wie Studien an Mönchen ergeben haben. Kernspintomographische Untersuchungen zeigten, dass das »emotionale Gehirn« in seiner Entspannungswirkung durch Meditation gestärkt werden kann. Momente der Achtsamkeit, der Hingabe, sind Episoden der Entschleunigung in unserer schnellen Welt, in denen die materiellen Dinge um uns herum in der Vielfalt ihrer Details unsere ganze Aufmerksamkeit wecken. Die bewusste Achtsamkeit des Augenblicks ist der Einstieg in die Meditation, ein Innehalten in der uns fortreißenden Beschleunigung, eine Chance, den Ereignissen dieser Welt wieder auf den Grund zu gehen, um ihre Daseinsberechtigung ganzheitlich begreifen zu können.

Die bewusste Achtsamkeit des Augenblicks ist der Einstieg in die neue Dimension der Meditation, eine Episode der Entschleunigung, in der wir durch Hingabe die ganze Fülle dieser Welt auch im Kleinen entdecken können.

6. Kapitel

Stressmanagement durch Achtsamkeit

Körperliche Ebene

- Kindliche Meditation

Kinder verlieren sich im Spiel, sie vergessen alles um sich herum, die Eltern, die Zeit, ihre ganze Konzentration ist auf den Gegenstand ihrer Aufmerksamkeit gerichtet. Ein pränatales Verhaltensmuster wird offenkundig, das von der Kraft der Wiederholung lebt, weil das kindliche Gehirn konzentrisch auf rhythmische Vorgänge programmiert wurde, wie sie der Herzschlag und die Atmung der Mutter vorbestimmt haben. Schon vor der Geburt wird die bewusste Achtsamkeit des Augenblicks von ständig sich wiederholenden Rhythmen geprägt, wie sie dann später im frühkindlichen Leben mustergültig vom Spiel verwirklicht werden. Typisch in diesem Sinne ist auch die tiefe Entspannungshocke, wie sie durch die pränatale Körperhaltung vorbestimmt wird (siehe Abb. 36 in »Natürlich gesund«).

Beide Füße stehen fest mit den Fersen am Boden, sie sind parallel ausgerichtet, so dass die Kniegelenke knorpelschonend wie Scharniergelenke nach vorne in Stellung gebracht werden können. Hier stoßen wir auf die energiespeichernde tiefe Entspannungshocke, wie sie heute noch von alle Naturvölkern praktiziert wird. In diesem »Entspannungs-Kokon« ist der Körper in der Lage, seine verlorene Energie neu aufzufüllen, eine Position, wie sie optimal zur Vagus-Meditation passt. Aus gutem Grund befindet sich der Embryo in dieser Kauerstellung, damit alle Körperregionen optimal mit Sauerstoff und Energie versorgt werden können. Folgerichtig spielen Zwei- bis Dreijährige in dieser meditativen Entspannungshocke. Beim Eintritt in die Schule haben die Kinder diese vorbildliche Haltung jedoch verlernt. Schuld ist die früh einsetzende Achillessehnenverkürzung durch Absatzschuhe, so dass, anders als bei den Naturvölkern, nur noch die europäische Krampfhocke praktiziert werden kann: Mit nach außen gedrehten Kniegelenken balanciert man unsicher auf den Vorfüßen, durch die Achillessehnenverkürzung können die Fersen nicht zum Boden abgesenkt werden. Dabei ist die Wirbelsäule brettartig verspannt und hoch aufgerichtet.

Wir machen es unseren Kindern nach und begeben uns vor einer Wand, auf einem Stuhl oder in freier Haltung in die tiefe Entspannungshocke. Ein optimales Programm gegen verspannte Rückenschmerzen mit gleichzeitiger Erweiterung des Spinalkanals, der bei den häufig überstandenen Bandscheibenschäden oft eingeengt ist. Sie können die Entspannungswirkung nachhaltig steigern, wenn Sie gleichzeitig die Augenpressur oder unser »Cinema interne«-Programm einfließen lassen, dank der Zusatzwirkung unseres Großen Ruhe-Nervs.

- Achtsamkeit im Dialog

In einem Dialog, vor allem aber in einem Streitgespräch ist es ratsam, sich vor der Gegenantwort auf die Atmung zu konzentrieren, um die Zeit von fünf bis maximal zehn Sekunden für Ihre wohlüberlegte Reaktion zu gewinnen. Ihre erste Aufmerksamkeit widmen Sie ganz dem bewussten Ausatmen bis in die Tiefe des Zwerchfells hinein. Allein hierdurch nimmt Ihnen der Große Ruhe-Nerv Ihre innere Erregung. Durch Kehlkopfvibrationen lässt sich die Tiefenentspannung nachhaltig steigern – aber bitte so leise, dass es Ihr Gegenüber nicht mitbekommt. Das gelingt durchaus, wenn die extrem entspannende Form des Ausatmens gleichzeitig durch Ihr unhörbares Schnurren verstärkt wird, wie Sie es bei nächtlichen Schlafstörungen schon eingeübt haben. Wenn es angebracht ist, können Sie auch laut brummen, wie ein kampflustiger Bär vor dem Angriff – dann ist Ihr Kontrahent schon einmal vorgewarnt. Diese atembetonte Entspannung funktioniert auf zwei Wegen:

1. Im Gegensatz zum Einatmen herrschen beim Ausatmen parasympathische Aktivitäten vor, beim nächsten Einatmen ist bereits wieder der Stressnerv Sympathikus an der Reihe.
2. Vibrationen beim Ausatmen verstärken die parasympathische Entspannung, weil das Signal über den Zungen-Kehlkopfnerv an das »emotionale Gehirn« gesendet und gleichzeitig an unseren Großen Ruhe-Nerv umgeschaltet wird: Herz und Atmung beruhigen sich in Sekunden. Ihre Gegenantwort kommt wohlüberlegt, und die Art Ihrer souveränen Gelassenheit wird bei Ihrem Gegenüber jede verbale Attacke im Hals stecken bleiben lassen.

- Meditatives Laufen

Laufen mit allen Sinnen und nicht wie von Sinnen ist bewegte Meditation. In dieser bewussten Aktivität ist nicht die Zeit das Maß unseres Handelns, im wahrsten Sinne des Wortes rückt der Weg in die Zielvorstellung der bewussten Achtsamkeit. Wir atmen konsequent mit geschlossenem Mund ein und aus. Durch die Nasenatmung werden parasympathische Aktivitäten unterhalten, die die Tiefe der Atmung verstärken. Außerdem wird die Luft gereinigt, angefeuchtet und erwärmt, so dass in kalter Jahreszeit Halsentzündungen vermieden werden. Die Rede ist von der ersten Stufe des »Totraum-Trainings«, weil über die Nase der reine Transportweg der Luft zu den Lungenbläschen verlängert wird. Jede Form der flankenbetonten Stressatmung erzwingt den kürzeren

Weg der Mundatmung zur Lunge. Bei konsequenter Nasenatmung wird ein größeres Volumen vonseiten der Atemhilfsmuskulatur und des Zwerchfells abverlangt, gleichzeitig ist sie ein optimales Regulativ für die Begrenzung der sauerstoffreichen aeroben Trainingszone, wie sie für ein wirksames Training zur Herz-Kreislauf-Prävention nützlich ist. Einfach ausgedrückt: Mit der Nasenatmung kann jede Überforderung beim Ausdauertraining vermieden werden; sportmedizinischen Studien weisen aus, dass hierdurch die anaerobe Schwelle, die mit einem Milchsäurespiegel zwischen 2 bis 4 mmol/l Laktat ausgewiesen ist, nicht überschritten werden kann. Sobald Sie bei Ihrem Lauftraining auf die Mundatmung umstellen müssen, sind Sie einfach zu schnell. Verlangsamen Sie das Tempo und stellen Sie sich erneut auf die Nasenatmung um. Diese Aussage gilt ebenso fürs Treppensteigen und für alle Bergwanderungen. Sie werden schnell feststellen, dass Sie locker und gelöst all Ihre Gipfel erreichen können.

Bewusste Achtsamkeit durch atemgesteuertes Laufen ist konzentrierte Bewegung im natürlichen Körperrhythmus, aerob über Nasenatmung gesteuert, eine Sauerstoffdusche für den ganzen Körper.

Nutzen Sie bewusst die Nasenatmung zur Entschleunigung beim Gehen, Bergwandern oder Laufen. Fokussieren Sie Ihre volle Aufmerksamkeit auf diesen natürlichen Körperrhythmus, der Ihnen seit pränataler Zeit als Erinnerungsstempel der Entspannung eingeprägt wurde. Betonen Sie diesen Rhythmus durch regelmäßiges Abrollen der Füße auf dem Boden über Ferse und Vorfuß, dabei setzen Sie primär mit der Außenkante der Fersen bei der vorderen Fußlandung auf. Seitlich schwingen die Arme in Diagonaltechnik möglichst weit vor und zurück (Details hierzu in »Natürlich gesund«).

- Essen und Trinken

Kennen Sie die »Rosinen-Meditation«? Probieren Sie sie aus: Sie nehmen eine Rosine in die Hand: Tasten und befühlen Sie ihre Oberfläche zwischen Daumen und Zeigefinger. Prüfen Sie die Konsistenz: Ist sie weich oder fühlt sie sich eher hart an? Sie spüren die Höhen und Tiefen auf der Oberfläche der Frucht. Achten Sie auf die Farbe. Sie rollen sie hin und her. Dann führen Sie die Frucht in den Mund, Sie bewegen sie auf der Zunge, drücken sie gegen den oberen Gaumen, gegen die hintere, untere Zahnreihe und beißen danach äußerst behutsam hinein. Die Süße der Rosine überfällt Sie, Sie schmecken das Fruchtaroma, Sie riechen es und stellen bald fest, dass der süße Geschmack sich in der Intensität verstärkt, je nach Länge seiner Einwirkung. Und erst jetzt schlucken Sie den zerkleinerten Brei hinunter – das ist die bewusste Achtsamkeit beim Essen und Trinken und stets ein neues Erlebnis.

In den 1920er-Jahren gab es an der berühmten Berliner Charité einen Internisten, der die damals vorherrschende Gastritis allein dadurch behandelte, dass der seine Patienten anwies, jeden Bissen bis zu 30 Mal im Mund durchzukauen, bevor der restlos zerkleinerte Brei dann geschluckt werden durfte. Allein diese verbesserte Vorverdauung im Mund reichte aus, dass es zur Ausheilung sogar von Magengeschwüren kommen konnte. Essen unter Stress ist Schlingen, Sprechen, Husten und Verschlucken zugleich. Zelebrieren Sie in Zukunft Ihr Abendbrot: Bereits ein schön gedeckter Tisch mit Kerzenlicht schafft ein entspannendes Ambiente der Erholung nach einem Tag mühevoller Belastung. Genießen Sie jeden Bissen durch Ihre besondere Art der Achtsamkeit, halten Sie Speisen lange im Mund und lassen Sie sich durch die Gespräche nicht von Ihrer persönlichen Aufmerksamkeit abbringen. Ein guter Tropfen Wein braucht Zeit, aber nicht nur für seine Reife, sondern speziell für seine Entfaltung auf der Zunge, unterstützt durch eine kauende Bewegung, damit möglichst viele Geschmackspapillen in den Genuss des vollen Aromas kommen können. Die Achtsamkeit des Augenblicks beim Essen ist das bewusst verlängerte Genusserlebnis der Speisen im Mund, das mit dem Schluckakt endet. Kauen Sie nicht nur das Brot, sondern auch den Wein, um seine ganze Blume wahrnehmen zu können.

Essen in bewusster Verlangsamung ist auch ein exzellentes Abnehmprogramm, weil das Sättigungsgefühl sich nach wenigen Minuten automatisch einstellt, egal ob Sie schnell oder langsam essen. Nun kommt es auf uns an, ob wir unter Stressbedingungen schnell die Bissen hinunterschlingen oder bewusste Verzögerungsmomente durch langes Kauen vorschalten, damit durch dieses Verhalten automatisch in gleicher Zeit weniger Kalorien aufgenommen werden. Ein Grundproblem unserer schnellen Zeit ist das Essen und Trinken im Vorübergehen, und die Werbung tut das Ihre, um unsere Augen und die Nase zu reizen, auf dass es auf dem Nachhausweg schwerfällt, mit leerem Magen all die köstlichen Delikatessen passieren zu können.

- Haus- und Handarbeiten

Haus- und Handarbeiten haben eines gemeinsam: das Prinzip der Wiederholung. Die Kraft, die aus der Wiederholung erwächst, kann sich allerdings nur durchsetzen, wenn Sie gerne Ihre Fenster putzen oder die Hemden bügeln. Die Kraft der Wiederholung wird durch die Achtsamkeit der Meditation verstärkt, eine spezielle Form der Konzentration, durch die eine negative Gedankenwelt ausgeblendet werden kann. Mein Frau Kirsten ist das beste Beispiel: Müde und ausgelaugt beendet sie ihre Arbeit am Computer, findet jedoch schnell wieder Momente der Entspannung im Hin und Her des Bügeleisens, gleichzeitig genießt sie das Erfolgserlebnis einer formschönen Bluse oder beim Fensterputzen die neue Sicht durch die glänzenden Fenster. Hausarbeiten können also durchaus entspannend und kreativ sein, wenn man die richtige Einstellung findet – eine aufbauende Motivation, ganz nach dem Muster: Protestiere nicht gegen Stress, den du nicht verhindern kannst. Nimm ihn mit Begeisterung an und mach das Beste draus. Die amerikanische Journalistin Margaret Horsfield hat sich in ihrem Buch »Der letzte Dreck« (Verlag Rütten und Loening, Berlin) detailliert mit der Frage beschäftigt, warum Frauen so gerne putzen. Zum einen führt sie die Liebe zum Putzen auf Kindheitserinnerungen zurück, weil über diese Verrichtungen eine rituelle Verbindung zur Vergangenheit aufgebaut werden kann, ein erinnertes Wohlbefinden zur schützenden Nähe der Mutter oder der Großmutter, das wir bereits von der Vagus-Meditation kennen. Zum anderen wirkt die Hausarbeit bei der Lösung von Stress in Zusammenhang mit Lebensproblemen, sie lassen sich über die Achtsamkeit auf den Putzlappen einfach wegwischen. Auch das persönliche Ich erhält eine neue Bewertung, ausgelöst durch das eigene Tüchtigkeitsgefühl. Denn schließlich kann man sofort mit eigenen Augen sehen, was man in dieser kurzen Zeit alles geleistet hat. All diese kreativen Entspannungsmomente im Stressalltag gehen in der Regel an uns Männern vorüber. Nicht nur, dass wir bereits von den Müttern bei der Hausreinigung zum Spielen in den Garten geschickt wurden, auch Ehefrauen sehen sich lieber als Solisten in der Bewältigung ihrer häuslichen Aufgaben. Männer putzen eben nicht wie Frauen, sie arbeiten auf diesem Gebiet ohne Begeisterung, ohne eine spezielle Ansprache an das »emotionale Gehirn«, rein pragmatisch, rational gesteuert über die Willenszentrale des präfrontalen Kortex. Damit brechen die Männer ein Ritual, sie

Putzen, Stricken, Sticken mit Begeisterung ist bewusste Achtsamkeit, Rituale, die in Wiederholung Körper und Geist vereinen.

überschreiten ein unüberbrückbares Gewohnheitsrecht in der menschlichen Gesellschaft. Schade um sie, denn damit müssen sie auf ein schnell wirksames Entspannungsritual im Stressalltag verzichten.

Gleiches gilt für Stricken, Häkeln, Nähen, Klöppeln etc. Leider sind diese Fertigkeiten aus der Gegenwart verschwunden, weil es einfach schwer ist, sich mit ihnen gegen die modernen Apparate der Online-Gesellschaft durchzusetzen. Man fällt schon aus der Reihe, wenn man statt der Konzentration auf den Laptop im ICE seine ganze Aufmerksamkeit auf das Spiel der Hände mit den leise klappernden Stricknadeln richtet.

- Trommeln

Rhythmen sind die ersten Sinneseindrücke des Menschen, die schon in pränataler Zeit an unser Ohr dringen. Der Embryo schwingt im Rhythmus der mütterlichen Atmung bei gleichzeitiger Koordination zum Herzschlag. Hierbei stoßen wir auf Tonwiederholungen in einfachsten Mustern, die typisch für die Achtsamkeit in der Meditation sind. Die eigentliche Urform dieser rhythmischen Tonwiederholung ist Klatschen, die natürlichste Ausdrucksweise der Naturvölker in unterschiedlichsten Tänzen. Nachhaltig verstärkt wird das Klatschen mit den Händen durch die Trommel, wenn mit ganzer Hingabe die rechte wie die linke Hand den Vibrationen des Instrumentes folgen und der Körper in seiner Gesamtheit in die Schwingungen einbezogen wird, besonders bei der zwischen den Beinen gehaltenen Trommel. Der Körper wird über lange Zeit zum Resonanzboden von Rhythmen, ein gemeinsames Klangfeld ist die Folge, auf das in besonderer Weise das

Trommeln mit eigenen Händen ist höchste Achtsamkeit, in der Körper und Geist im Rhythmus verschmelzen.

»emotionale Gehirn« anspricht. In diesem körperbetonten Trommeln erlebt man die bewusste Achtsamkeit des Augenblicks in ihrer tiefsten, intensivsten Form im Zustand einer perfekten Tongestaltung.

- Schreiben, Zeichnen, Malen

Auf das Zeitalter permanenter Beschleunigung hat sich speziell unsere Handschrift eingestellt, die Unterschrift einbezogen. Die im Eiltempo zu Papier gebrachten Buchstaben verschwimmen unleserlich ineinander, und der Inhalt eines solchen Schriftbildes ist schwer zu entziffern. Man möchte meinen, dass der Hersteller dieser Hieroglyphen sich hinter seinen unleserlichen Zeichen verbergen will. Das war nicht immer so, davon zeugt allein das Bismarck-Museum in Friedrichsruh bei Hamburg im Sachsenwald. Als erster deutscher Kanzler an der Seite des Kaisers lag auf den Schultern Bismarcks die Hauptlast der Staatsarbeit, verbunden mit großer Verantwortung. Hinzu kamen lange, umständliche Reisen durch ganz Europa, nicht annähernd so bequem wie im weichen ICE-Sessel. Dieser Politiker erlebte schon damals Stress in Reinkultur, Zeit oder gar Achtsamkeit waren für Bismarck schwer zu erreichende Wertvorstellungen. Und trotzdem, wenn man einen Blick auf seinen umfangreichen Briefwechsel wirft, kann man nur noch staunen, in welcher Sorgfalt und mit welcher Akribie er seine Feder geführt hat. Es kann nur so sein, dass er rein intuitiv gespürt hat: Durch die Verlangsamung der eigenen Handschrift über die exakte Wiedergabe der einzelnen Buchstaben kann man gleichzeitig entspannen – eine besondere Form der bewussten Achtsamkeit des Augenblicks. Durch die Konzentration auf das eigene Schriftbild können zudem negative Gedanken ausgeblendet werden, die die Kreativität behindern, so dass das Formulieren der eigenen Gedanken flüssiger und leichter vonstattengehen kann.

Kreativitätsschübe unterschiedlichster Prägung vermitteln Zeichnen und Malen, allein durch die hohe Ansprache an das »emotionale Gehirn« profitiert die schöpferische Gestaltung, und die individuelle Begabung auf unterschiedlichsten Gebieten kann sich frei entfalten. Das Potenzial der eigenen Kreativität lebt zum einen von der Entschleunigung, zum andern von der Steigerung der eigenen Begabung durch die Konzentration des Denkens in der bewussten Achtsamkeit des Augenblicks.

Kreative Arbeit lebt von der individuellen Begabung, die durch die Achtsamkeit Gestalt annimmt.

Emotionale Ebene

- Beschenken

Andere zu beschenken ist der Moment der Achtsamkeit, der von den leuchtenden Augen des Empfängers lebt, ein Lichtsignal, das uns zu Herzen geht, uns erwärmt und in freudige Erregung versetzt. Die Ursache dieses aufbauenden Gefühls sind die eigenen Spiegelneuronen im Gehirn, die schon bei der Beobachtung von Ereignissen die gleichen Reaktionen im Gehirn auslösen wie beim tatsächlichen Erleben. Das Gehirn macht eben keinen Unterschied zwischen der realen Erlebniswelt und der eigenen Beobachtungsgabe oder unserer Vorstellungskraft. Hierauf ist die hohe Entspannungswirkung des erinnerten Wohlbefindens zurückzuführen, wenn wir uns während der Meditation einen Moment aus der Vergangenheit aufrufen, in dem wir absolut glücklich waren. In gleicher Weise wirkt im Sozialverhalten das Mitgefühl, wenn wir durch Geschenke andere Menschen glücklich machen. Dabei wirken die

Glückliche Kinderaugen öffnen Herzen, weil unsere Spiegelneuronen geschenkte Freude zu unserer eigenen machen.

leuchtenden Kinderaugen ins eigene Herz zurück, ein Signal, das von den eben erwähnten Spiegelneuronen ausgeht und das Stress abbauen kann.

- Freude und Begeisterung

Jede Form der Motivation zum Handeln, zu einer Lebensstiländerung auf Dauer im Sinne der Prävention ist Achtsamkeit und Aufmerksamkeit zugleich. Nur aus vollem Herzen kann man eine Sache zu einem guten Ende bringen, vordringlich sind dabei Freude und Begeisterung. »Nur wer selber brennt, kann andere entzünden« war schon der Leitspruch des alten Kirchvaters Augustinus, eine Botschaft, die nicht nur das Herz, sondern auch das Gehirn versteht. Jeder Gesundheitsappell ist hirntechnischer Unsinn, so die moderne Neuro-Psycho-Immunologie, das Gehirn spricht schlecht auf Befehle an. Werden aber neue Aufgaben von Freude und Begeisterung bestimmt und lässt man dem Gehirn eine Eingewöhnungszeit von sechs bis acht Wochen, dann haben sich neue neuronale Netzwerke gebildet, und die wiederum sind es, die dann von sich aus die Wiederholung der neuen Trainingsformen verlangen.

Durch Freude und Begeisterung wird Achtsamkeit zum Erlebnis, die Zeit bleibt stehen, Glücksmomente verdrängen den Alltags-Stress.

Verinnerlichen Sie auch die Botschaft, dass Sie einzigartig sind, eine Persönlichkeit, die es nur einmal auf der Welt gibt und die über die Begabungen Ausdauer, Kraft, Elastizität sowie Tiefenentspannung verfügt, die Sie nach den Aussagen dieses Buches ständig verbessern können. Mit einer solchen Zusicherung treten Sie allen Selbstzweifeln entgegen, die immer wieder auftreten können, einer innere Stimme, die Ihnen sagt: »Das schaffe ich nie« – »Das kann ich nicht« – »Dafür habe ich keine Zeit«. Der eigene Zuspruch unserer

Einzigartigkeit trifft direkt das »emotionale Gehirn« in seiner engen Verbindung zum »Herzgehirn«, die auch gerne mit dem Unterbewusstsein umschrieben werden. In jedem Fall ist das Selbstbewusstsein in diesem Unterbewusstsein verankert, nicht im präfrontalen Kortex, dem Zentrum unserer bewussten Steuerung.

Das »emotionale Gehirn« ist nicht nur die Schaltzentrale der Tiefenentspannung, sondern auch des Unterbewusstseins, das Ihr Selbstwertgefühl bestimmt. Mit einem gesunden Selbstbewusstsein sind Sie gegen Stressbelastungen gewappnet, und Ihr »innerer Schweinehund« folgt willig den neuen Wegen dieses Buches.

- Landschaftsbilder

Rhythmisch schwingende Landschaftsbilder waren es, die unsere Vorfahren nach langer, schwerer körperlicher Arbeit zum Verweilen ermunterten, wenn sie am Rande eines Kornfeldes rasteten, wobei sich ihre Gedanken in den wogenden Feldern verlieren konnten. Eine Romantik längst vergangener Tage, für die die modernen Menschen in ihren schnellen Autos weder Zeit noch Muße aufbringen. Diese emotionale Einstimmung erreichen heute nur noch Träumer oder Hilfesuchende kurz vor dem Burnout, wobei Letztere Mühe haben, die Stille der Abgeschiedenheit auszuhalten. Beim Laufen und Wandern, besonders aber beim Bergsteigen können wir diese vergessene Welt neu erkunden. Wieder stoßen

Achtsamkeit ist Kraft durch Stille, nach der sich der Mensch sehnt. Der bekannte Pianist Artur Schnabel sagte einmal: »Ich bin nicht besser am Klavier als alle meine Kollegen, ich beherrsche nur besser die Pausen.«

wir auf das Laufen mit allen Sinnen, entdecken erneut die Langsamkeit und sind in Pausen der Entspannung den wechselnden Stimmungsbildern der Natur nahe. Zu diesem Laufen gehört auch das Schweigen, in dem wir die Botschaft der Natur noch einmal verstehen lernen, weil die Kraft bevorzugt aus der Stille kommt. So dringt der körpereigene Rhythmus zurück in unser Bewusstsein, ein optimales Erlebnis, das von der Synchronisation zwischen Mensch und Natur lebt.

- Singen

Singen ist unsere erste Körpersprache. Sie ist Atmen und Artikulieren zugleich. Lallend, summend, laut schreiend machen Kinder auf sich aufmerksam. Im Vordergrund des Singens steht das Ausatmen mit seinen parasympathischen Aktivitäten, dessen Entspannungseffekt noch dadurch verstärkt wird, dass durch Kehlkopfvibrationen der parasympathisch beeinflusste Zungenkehlkopfnerv mit stimuliert wird (siehe Seite 75 ff.). Aus dem »emotionalen Gehirn« heraus vermittelt dann der Große Ruhe-Nerv das Entspannungssignale an das Herz, die Lunge und den größten Teil des Bauchraums. Von diesem Regelkreis lebt unsere Gesundheit, ein uraltes Wissen, das schon in Liedform ausgedrückt wurde: »Wo man singt, dort lass dich ruhig nieder, böse Menschen haben kein Lieder.«

Singen ist also gelebte und erlebte Gesundheit, und das können wir jetzt sogar neuro-physiologisch beweisen. Singen ohne Achtsamkeit ist ein Ding der Unmöglichkeit. Und Singen ist in jedem Falle die lauteste Form der Stille, weil die Klänge in der Achtsamkeit des Hörens in ihrer ganzen Fülle wahrgenommen werden – nicht etwa nebenbei, sondern in

> *Singen durch Achtsamkeit ist die innere Stimme des »emotionalen Gehirns«, es ist die lauteste Offenbarung der Stille.*

höchster Aufmerksamkeit durch Konzentration. Ich spreche von der Intonation der eigenen Stimme, die automatisch den ganzen Menschen erfasst. Zuhören allein genügt nicht für die vollständige Einbindung des Körpers sowie des Geistes in die emotionale Klangwelt.

- Musik

Musik als Schwingung ist Melodie und Rhythmus zugleich. Auch unser Körper atmet und lebt in Rhythmen, die sich ausbreiten. Klänge durchdringen uns mit ihren Schwingungen, sie sind ein Teil unserer Existenz. Melodie und Rhythmus sind Prägungen des Energie- und Informationsfeldes, von dem bereits die Rede war (siehe Seite 39 ff.). Da der Mensch aber nicht als mechanisches Wesen betrachtet werden kann, dessen defekte Teile man einfach nur auszuwechseln braucht, ist er wie alle lebendigen Vorgänge als ein komplexes Ganzes zu betrachten. In dieser Einheit stehen alle Teile in einer engen Beziehung zueinander, dem Klangkörper eines Orchesters vergleichbar, in dem die Organe wie Instrumente zusammengefügt sind, die durch Melodie und Rhythmus auf der Schwingungsebene ihre gemeinsame Sprache finden. In dieser Einheit steht jedes einzelne Instrument ebenso für das ganze Orchester, wie der gesamte Klangkörper sich in jeder Geige wiederfindet. Aus Sicht des Biologen Werner Nachtigall sind das die Gebote eines bionischen Designs, in denen Integration vor der additiven Konstruktion steht, die Multifunktionalität die Monofunktionalität beherrscht und die Vernetzung die monotone Linearität ersetzt.

Schwingungen passen sich an, sie können sich überlagern: einmal einander ergänzend, was, wie wir es vom Tsunami her kennen, dazu führt, dass sie sich aufbauen; oder aber sie löschen sich gegenseitig bis zu ihrer Egalisierung hin aus. Das ist das Erkennungsmerkmal des Energie- und

Informationsfeldes im Gegensatz zur Materie. Wenn wir Musik hören, wirkt auf uns das Energie- und Informationsfeld, denn Musik baut uns auf und sie spricht mit uns, weil das Ohr, das Gehirn, der ganze Körper bis in die zelluläre Dimension hinein in schwingende Erregung versetzt werden.

In der Musiktherapie kennt man das Phänomen der Synchronisation oder des Entrainments (gleiches Schwingen von Klangkörpern), ein Schwingungsverhalten im menschlichen Organismus im Zusammenhang mit Rhythmen, sich auf Melodie und Rhythmus von Musik einzustellen. Das konnte Lee Salk in einem Experiment in den USA auf einer Neugeborenen-Station nachweisen, indem man Babys mit Herztönen einer 72er-Ruhefrequenz beschallte. Bei gleicher Nahrungszufuhr nahmen 70 Prozent dieser Babys stärker zu als die Vergleichsgruppe. Bei einem extrem schnellen Herzrhythmus von 128 Schlägen pro Minute wurden die Kinder so aufgeregt, dass man das Experiment abbrechen musste. Neben dem Herzschlag passt sich auch die Atmung äußeren Rhythmen an, sie kann schneller und oberflächlicher werden wie in einer Stresssituation oder langsamer und tiefer in der Meditation.

Zur Synchronisation gehört auch die Isomorphie (griech. Formgleichheit), womit gemeint ist, dass sich die Musik der eigenen Stimmung anpasst, wenn Melodie und Rhythmus so aufgebaut sind, dass sie den prägenden Rhythmen des Körpers entsprechen, wiedergegeben durch die Intensität der Atmung im Zusammenhang mit der Herzfrequenz. In Ruhe atmet der Mensch 16 Mal ein und aus, dabei schlägt das gesunde Herz in Ruhe

Die Achtsamkeit des Augenblicks in der Musik lebt von der Monothematik der Melodie, vom 16er-Ruherhythmus der Atmung sowie von der 64er-Ruhefrequenz des gesunden Herzens, ausgedrückt durch den Begleitrhythmus.

64 Mal in seinem Wechsel zwischen Systole und Diastole. Im Sinne der Isomorphie muss die Musik in der Meditation diesen Grundrhythmus in Melodie und Rhythmus ausdrücken, damit es zu einer übereinstimmenden Synchronisation kommen kann.

Wenn wir nach einem stressreichen Arbeitstag nach Hause kommen, dann sind wir auf ruhige Musik angewiesen, durch die die hohe Drehzahl unserer inneren Erregung heruntergefahren werden kann. Insbesondere die Largos oder Adagios des Barock mit den alten Meistern Haydn, Händel, Bach, Vivaldi oder Corelli sind es, die uns zur Ruhe kommen lassen. Aber auch die Nocturnes eines Chopin oder Skrjabin sind in der Lage, die notwendige Achtsamkeit beim Einstieg in die Meditation zu erreichen. Verantwortlich ist der monothematische Aufbau dieser Nachtmusik, die Melodie folgt eher einem Grundthema, in dem größere Tonsprünge ständig wechselnder Variationen vermieden werden.

Musik ist ein wesentlicher Bestandteil der Achtsamkeit des Augenblicks in der Meditation, das hat bereits eine lange Tradition. Ich habe schon auf die Gregorianischen Gesänge im Abseits eines Klosters hingewiesen. Besonders die spezielle Kirchentonart kommt der Tiefenentspannung entgegen, denn sie gestattet es, dass man zu jedem Zeitpunkt in die Gesänge ein- und auch wieder aussteigen kann. Und auch das »Kauen von Psalmen«, von dem weiter oben bereits die Rede war, ist typisch für die meditative Wirkung, wenn ein kurzer Text in ständiger Wiederholung im Geist bewegt wird, so dass die Botschaft bis in das »Herzgehirn« eindringen kann. Jüngere Ohren bevorzugen eher modernere Klänge, wie sie Vangelis in »Rhapsodies« oder Keith Jarrett in seinem »Köln Concert« zum Ausdruck bringen.

- Gefühle beobachten

Wohin mit all unseren Gefühlen in der Meditation wie Angst, Ärger, Traurigkeit, Schuld, Unmut? Viele Stimmungsbilder sind es, die uns aus dem Gleichgewicht werfen. Wie werde ich von der Gesellschaft aufgenommen, werde ich akzeptiert oder abgelehnt? Groß, oft allzu groß sind die Erwartungen an unsere Umwelt, Unmut macht sich breit, wenn Freunde sich anders benehmen, als wir es von ihnen erwarten. Gelassenheit durch Achtsamkeit ist das Gebot der Stunde: Lassen wir uns nicht auf all diese unterschiedlichen Gefühlsregungen ein, die uns unfrei machen, denn in dieser Einstellung begegnen wir unseren Freunden mit Vorbehalt bis hin zur Distanz. Durch die Achtsamkeit des Augenblicks können wir unsere Gefühle zwar zur Kenntnis nehmen, ohne sie jedoch zu bewerten oder einzustufen. Fokussieren Sie Ihr Denken auf meditative Musik oder konzentrieren Sie sich auf Ihr Ausatmen, damit der Große Ruhe-Nerv von Ihnen Besitz ergreifen kann und Sie die Dinge um sich herum nicht in Gut und Böse unterteilen.

Lassen Sie sich nicht von Ihren Gefühlen beherrschen oder gar von ihnen unterkriegen. Nehmen Sie sie zur Kenntnis, aber bewerten Sie Ihre Umgebung nicht permanent zwischen Positiv oder Negativ. Vertrauen Sie sich der Tiefenentspannung des Großen Ruhe-Nervs an, konzentrieren Sie sich in kritischen Momenten auf das Ausatmen, schnurren Sie, wenn es angebracht ist, oder zoomen Sie mit den unterschiedlichsten Gegenständen in Ihrer Umgebung.

- Vergebung, Mitleid

Wer die Kraft der Vergebung aufbringen kann, zeigt Größe. Aus dieser besonderen Form der Souveränität erwachsen Kraft und ein Glücksgefühl, das kaum durch andere Gesten gesteigert werden kann. Eigene Schuldgefühle und ein tiefer Groll im Herzen, die nicht abgegeben werden, zerstören unsere Gesundheit, sie machen uns unfrei, behindern uns in all unserer Kreativität. Allein über die Meditation erfahren wir, was in unserem Körper tobt und wo überall. Erlebte Widersprüche treten ins Bewusstsein, alte Verletzungen brechen wieder auf. Aber mit zunehmender Meditationspraxis sind wir in der Lage, verloren gegangene Beziehungen neu zu ordnen, Halbheiten zu vervollständigen und alte Wunden zu heilen. Durch die Kraft der Vergebung wird der Schmerz längst vergangener Verletzungen geheilt. Eine klaffende Wunde im Herzen kann auf diese Weise geschlossen werden. Vergebung ist auch der Versuch, uns selbst in Frage zu stellen, ein bisschen über uns lachen zu können, über Worte und Taten, die unüberlegt in der Vergangenheit geflossen sind und durch die andere Menschen verletzt wurden. Stellen Sie sich vor, Sie stehen eines Tages vor der Tür eines alten Freundes, mit dem Sie, aus welchem Grund auch immer, seit Jahren kein Wort mehr gewechselt haben. Sie leiden unter dieser Beziehungskrise. Jetzt stehen Sie unangemeldet mit einer Flasche Champagner vor ihm und bitten um Verzeihung. Was passiert in dieser Situation? Wird er Sie abweisen? Wohl kaum! In solchen Situationen kann das »emotionale Gehirn« all seine Register ziehen, und Sie werden überrascht sein, was es da alles zu entdecken gibt – Tränen der Freude durch ein überfließendes Glücksgefühl, alles ist möglich.

Die Kraft zu diesem Schritt können Sie aus der Gelassenheit der Meditation schöpfen, weil Sie die Negativspirale in ihrem Abwärtstrend blockieren. Sie verfügen plötzlich über die Kraft, die Dinge, die Sie nicht ändern können, stehen zu lassen, wie sie nun mal sind, Sie verfügen jetzt über die innere Stärke, neue Energien zur Überwindung alter Missstände aufzubringen.

Eine besondere Form des Abgebens ist das Mitleid, die Eigenschaft, sich in die Situation anderer nicht nur hineinzudenken, sondern auch hineinzufühlen. Es ist schon so, dass wir die meiste Zeit in unserem Leben die eigenen Befindlichkeiten im Sinn haben. Allein das Streben nach dem eigenen Glück durch die Verbesserung unseres täglichen Komforts nimmt einen erheblichen Teil unseres Lebens in Anspruch. Die Betonung des Selbstbefindens ist zunächst einmal eine Frage des Überlebens. Zum anderen entspricht sie unserem Naturell, denn der Mensch ist von seiner Grundstruktur her ein Hedonist, ein lustbetontes Wesen. Dagegen ist auch gar nichts einzuwenden, wenn die Dosierungsregel eingehalten wird, nach der die Menge das Gift ausmacht. Eine betont auf Egoismus eingestellte Welt kann nicht funktionieren, auch wenn die sogenannte freie Markwirtschaft diese Maxime auf ihre Fahnen geschrieben hat. Freiheit aus Sicht der schöpferischen Spirale in ihrer bipolaren Ausrichtung kommt ohne Verantwortung nicht aus, ein schwieriger Prozess, wie die aktuelle Entwicklung in der Eurozone täglich beweist.

Das christliche Gebot »Liebe deinen Nächsten wie dich selbst« ist aus meiner Sicht genial und revolutionär zugleich. An erster Stelle steht zwar die Nächstenliebe, das Mitleid mit anderen, aber die Kraft zu diesem Schritt kann man nur aufbringen, wenn man mit sich selbst im Reinen ist, wenn das eigene Ich in all seinen Facetten den ihm zustehenden Platz im Leben gefunden hat. Wir sprachen bereits über den Aufbau des Selbstwertgefühls aus dem Unterbewusstsein des »emotionalen Gehirns« heraus. Erst in einem zweiten Schritt ist diese gefestigte Person dann in der Lage, Mitleid anderen Menschen gegenüber entsprechend zu würdigen, es ihnen entgegenzubringen.

Die konzentrierte Aufmerksamkeit der Meditation ist der entscheidende erste Schritt, um aus der egozentrischen Bewertung und Beurteilung dieser Welt herauszukommen. Die Rede ist von der »transpersonalen Bewusstseinsebene«, auf die wir durch die Meditation in ihren tiefen Stadien gelangen können. Das ist der Zustand des stillen Schauens, der stummen Betrachtung all der Dinge um uns herum, ohne sie zu bewerten oder zu beurteilen. Aus dem meditativen Bewusstsein heraus wird es uns dann ermöglicht, Gegensätze wie Gut und Böse, Anspannung oder Entspannung, Liebe und Leid, Geben oder Nehmen wie ziehende Wolken am Himmel an uns vorbeigleiten zu lassen. Aus dieser wertfreien Sicht heraus entsteht zunächst eine tiefe Form der Gelassenheit, ein inneres Kraftpotenzial baut sich auf, das uns dann die Stärke gibt, auch auf andere Menschen zuzugehen, ihnen ein Lächeln zu schenken oder, wenn es nötig ist, ihnen den Arm zu reichen, damit sie mit einer Behinderung leichter über die Straße gelangen. Auch in der Begegnung mit Menschen, die unter Depression oder Burnout leiden, gibt uns die Meditation das Kraftpotenzial, den anderen dort abzuholen, wo er im Moment steht. In tiefer Melancholie können Sie dem Betroffenen viel von der Leuchtkraft der Sonne erzählen, er sieht das helle Licht nicht. Sie müssen sich auf den Weg in seine trübe Versenkung machen, ihm die Hand reichen. Was er in dieser Situation braucht, ist Ihr Mitgefühl, und gemeinsam sind Sie dann in der Lage, erste Schritte der Veränderung im Licht der Sonne zu wagen.

Meditation ist die Überwindung unseres egozentrischen Denkens und Handelns. Jenseits des »Ichs« in der transpersonalen Bewusstseinsebene sind wir dann in der Lage, Mitleid aus ganzem Herzen mit anderen Menschen empfinden zu können.

Das ist die horizontale Ausrichtung der Meditation, die weltliche Dimension zwischen Einheit und Zerrissenheit, wie sie von der schöpferischen Spirale wiedergegeben wird. Danach folgt die vertikale, die senkrechte Zielrichtung der Meditation, die mit Kontemplation umschrieben wird. In dieser Dimension geht es um die absolute Wahrheit, es geht um die Beantwortung der individuellen Frage: Ist Gott für mich eine reale Größe? Bach hatte für sein Leben die richtige Antwort gefunden, denn über all seinen genialen Werken steht die Botschaft »Soli Deo Gloria« als kontemplative Aussage. Eingestimmt hat er sein Publikum durch meditative Klänge seiner Musik, indem er Melodien bis zu 36 Mal wiederholte.

Geistige Ebene

- Gedanken

Gedanken in der Meditation kommen und gehen, und sie können über die Achtsamkeit des Augenblicks bewusst ausgeblendet werden. Sie verlieren ganz einfach an Bedeutung, wenn wir lernen, wie ein Kind unsere ganze Aufmerksamkeit auf ein Geschehen unseres persönlichen Interesses zu richten. Beim Kind ist es das Spiel, später können es Vorgänge in ständiger Wiederholung sein, die uns direkt ansprechen, mitunter sogar begeistern. Andauernde Handlungen in konzentrierter Form versetzen uns in die Situation, Gedanken wie die Wellen eines Meeres an uns vorüberziehen zu lassen, ohne in sie einzutauchen. Durch die fokusartige Konzentration unserer Gehirnaktivitäten gelingt es uns, unser Denken brennpunktartig auf einen Punkt zu führen, so dass ablenkende Gedanken keine Landefläche im Netzwerk der Neuronen finden können. Die Telefonleitungen um Sie herum laufen heiß, aber Sie schenken den Klingeltönen keine Beachtung. Sie nehmen Sie nicht einmal bewusst wahr, weil Ihre Aufmerksamkeit auf einen anderen Vorgang gerichtet ist. Im Spitzensport ist höchste Konzentration die

Gedanken kommen und gehen, lassen Sie sie vorüberziehen, bewerten Sie nicht. Beachten Sie Wiederholungsbotschaften in voller Konzentration.

Voraussetzung für den Erfolg. Turner vor ihrem Sprung ans Reck berichten: »In diesem Moment könnte direkt neben mir eine Bombe explodieren, ich würde sie nicht wahrnehmen.« Nicht selten wird Soldaten mitten im höchsten Kampfgetümmel ein Bein abgerissen, zum Zeitpunkt der Explosion haben sie es nicht bemerkt.

- Leitworte, Leitgebete, Leitmelodien

Die Wiederholung des Gleichen (siehe Seite 79) ist der prägende Einstieg in die Meditation über die Achtsamkeit des Augenblicks. Die Phase der Konzentration beginnt immer mit der Atmung, wobei eine störende, negative Gedankenwelt durch Leitworte, Leitgebete, Leitmelodien ausgeblendet werden kann. Ich habe weiter oben schon auf die lange Klostertradition hingewiesen, die es hierzu gibt. Die griechischen Einsiedlermönche auf dem Berg Athos praktizieren das Herz-Jesu-Gebet, das sie permanent wiederholen, in ihren Andachten ebenso wie während der Gartenarbeit. Ja sogar in einem Gespräch reißt der Kontakt zu Gott niemals ab. Leitworte, besser noch kurze Leitmelodien in ständiger Wiederholung können ebenso negative Gedanken ausblenden, um Ihr Denken konzentrisch auf einen Punkt zu vereinen. Unvergessen in einem Seminar im Kloster Drübeck/Harz ist mir der gemeinsame Gesang mit Musikern der Musikhochschule Halle/Saale. Über eine halbe Stunde sangen wir stehend im Kreis »Laudate omnes gentes laudate dominum« in ständiger Wiederholung, gemeinsam, aber auch im einzelnen Wechselgesang. Noch heute bin ich von diesem Meditationserlebnis in den Bann gezogen. Ähnlich beeindruckt

Leitworte, Leitgebete, besser noch Leitmelodien sind Spielarten der bewussten Achtsamkeit, durch die all unsere wirren Gedanken durch eine konzentrierte Botschaft an den Rand gedrängt werden.

war ich vor Jahren bei meinem ersten Rom-Besuch. Spät abends gegen 23 Uhr erkundigte ich die mir unbekannte Stadt, stieß spontan auf die Basilika Santa Maria Maggiore, die ich allein betrat, ohne Menschen anzutreffen. Zunächst war ich von der kolossalen Decke in den Bann gezogen, in die das erste Gold eingearbeitet ist, das Kolumbus nach Europa brachte. Und dann setzt er ein, ein meditativer Gesang der Mönche in einer Seitenkapelle, nur für mich allein in dieser halbdunklen uralten, riesigen Basilika.

- Sehen und Hören ohne Kommentar

Wir leben in einer Welt hoher Informationsdichte, wir beurteilen und verurteilen, wir bewerten und entwerten, wir gehen in ein Museum und geben zu jedem Bild unsere persönliche Beurteilung ab. Das kostet Kraft, viel Kraft. Und wir verlieren mit dieser kritischen Einstellung die Energie, die wir im Stressalltag so bitter nötig haben, besonders wenn unterschiedliche Meinungen aufeinanderprallen. In dieser Beziehung ist die Achtsamkeit des Augenblicks mit Beginn der Meditation eine echte Energiequelle, wenn wir dazu übergehen können, die Dinge um uns herum so stehen zu lassen, wie sie nun einmal sind. Mit dem Herzen sieht und hört man besser, das ist die Botschaft, die uns der Große Ruhe-Nerv vermitteln kann, denn in der Stille liegt die Kraft, die im absichtslosen Sehen und Hören gipfeln kann. Ständig sendet uns diese Welt ihre Informationen, zu denen wir in irgendeiner Form Stellung nehmen müssen. Ohne unseren Kommentar geben wir uns der stillen Betrachtung hin, grübelnde Gedanken sollen uns nicht irritieren, jederzeit kehren wir zu dieser wertfreien Betrachtung zurück.

> *Betrachten Sie mit ganzem Herzen einen Sonnenuntergang, gehen Sie auf in den Klängen einer Symphonie, die Welt mit all ihren Problemen verliert sich im Nichts.*

- Meditation grenzenlos

Meditation ist ein prägender Teil unserer Existenz. Ruhe, Stille und Entspannung führen aber nur noch ein Nischendasein in unserer schnellen, hellen, lauten Welt. Meditation in ihrer körperlichen Dimension beginnt mit der Atmung, springt dann durch die Achtsamkeit auf die geistige Ebene über, ein grenzenloser Bewusstseinszustand, der Körper, Seele und Geist nachhaltig verändert. Meditation lässt uns an die Zielorientierung der schöpferischen Spirale gelangen, in der es keine bipolare Ausrichtung durch die Gegensätze dieser Welt mehr gibt, ausgewiesen durch Harmonie, Kohärenz, Gesundheit, Glück, Werte, Glauben. So gesehen ist die Meditation ein Vorgeschmack auf das Paradies, in der die Gegensätze der Welt aufgehoben sind. In dieser Situation können all die Stressbelastungen uns nichts mehr anhaben, weil Ruhe in der Stille glücklicher Entspannung von uns Besitz ergriffen hat. Bei dieser Ausgangslage wird der Körper in eine umfassende Regeneration geführt, dabei steht die Schaltzentrale der Tiefenentspannung des »emotionalen Gehirns« im Zentrum des Geschehens. Meditation in seiner grenzenlosen Wirkung umfasst neben der Körperzelle primär das Energie- und Informationsfeld, das global den Makro- wie den Mikrokosmos umfasst. Dieser starke psychosomatische Impuls kann dann auf ursächlichem Wege nicht nur das Innenleben, sondern auch das Umfeld der Körperzelle derart verändern, dass diese im Sinne der Salutogenese gesunden kann. Auf die Wirkung des Geistes auf den Körper sprechen insbesondere die stressbedingten Erkrankungen an, die Herz-Kreislauf-Erkrankungen allgemein, peripher die Berufskrankheit RSI und zentral die neue Volkskrankheit Burnout. Ein Transformationsprozess bahnt sich an, der nicht nur das Bewusstsein der Menschen neu prägen wird, sondern auch zu einer deutlichen Steigerung der Leistungsfähigkeit auf allen Gebieten beitragen kann.

> Revolutionäre Veränderungen in der Gesellschaft sind mit der Vagus-Meditation möglich! Stellen Sie sich einmal vor, wie die moderne Medizin und die Gesellschaft reagieren würden, wenn die Millionen Stress- und Burnout-Betroffenen lernen würden, sich wirksam über den Großen Ruhe-Nerv zu entspannen.

Mit diesem Buch möchte ich einen Beitrag dazu leisten, dass jeder Leser über die Wirkung des Großen Ruhe-Nervs in die Lage versetzt wird, durch neue Chancen die Verwirklichung der eigenen Werte zu ermöglichen. Menschen, die auf Dauer durch Arbeitsumstände oder gesellschaftliche Zwänge von einer sinnvollen Lebensgestaltung ausgeschlossen sind, setzen sich einem hohen Stress- und Burnout-Risiko aus.

Eine Notiz aus dem Internet zum Nachdenken
Bilder sagen mehr als viele Worte! Das war das Credo eines Professors in einem Ein-Stunden-Vortrag vor 15 Chefs großer amerikanischer Unternehmen in einer Vorlesung über sinnvolles Zeitmanagement. Zunächst wanderten seine Augen von einem Teilnehmer zum anderen, dann begann er mit den Worten: »Wir werden ein kleines Experiment durchführen.«

Er stellte einen großen Glaskrug auf den Tisch und füllte ihn mit großen Steinen, sie waren so groß wie Tennisbälle. Als der Krug bis zum Rand gefüllt war, blickte er auf und stellte die Frage, ob der Krug denn nun voll sei? Das Ja der Teilnehmer war einstimmig, und der Referent antwortete: »Wirklich?« Darauf holte er unter dem Tisch einen mit Kies gefüllten Becher hervor und verteilte den Inhalt zwischen den Steinen bis in den Grund des Gefäßes hinab. »Ist der Krug nun voll?«, lautete die zweite Frage. Die Zuhörer begannen die Frage zu verstehen, und einer antwortete: »Wahrscheinlich nicht.« »Gut«, sagte der Professor. Jetzt holte er unter dem Tisch einen Eimer Sand hervor, er schüttete den Sand in den Krug, so dass die kleinsten Räume zwischen Kies und Steinen aufgefüllt wurden. Wiederum fragte er: »Ist das Gefäß jetzt voll?« Alle antworteten mit Nein. »Gut«, sagte der Professor. Nun holte er eine Wasserflasche hervor, auf die alle schon gewartet hatten, und füllte den Krug randvoll mit der Flüssigkeit. Dann blickte er auf und stellte die Frage: »Was können wir aus diesem Experiment lernen?«

Der Mutigste unter den Teilnehmern dachte an das Vortragsthema über sinnvolles Zeitmanagement und antwortete: »Selbst wenn wir glauben, unser Zeitplan sei schon bis an den Rand gefüllt, gibt es immer noch Termine, zusätzliche Dinge zu erledigen oder einzuschieben.« »Falsch«, antwortete der Professor. »Darum geht es nicht. Was wir wirklich aus diesem Experiment lernen können, ist Folgendes: Wenn man große Steine nicht als Erstes in den Krug tut, werden sie später niemals mehr hineinpassen.« Eine Stille trat ein, in der jedem bewusst wurde, wie sehr der Professor Recht hatte. Dann fragte er: »Was sind in eurem Leben die großen Steine? Ist es die Gesundheit? Die Familie? Die Arbeit? Die Freunde? Ist es der Freizeitsport? Sind es die Reisen? Entspannung? Sich Zeit lassen? Was begeistert Sie, was machen Sie aus ganzem Herzen? Wirklich wichtig ist im Leben, dass man die großen Steine an die erste Stelle stellt. Wenn nicht, läuft man Gefahr, es zu verpassen. Wenn man auf zu viele Kleinigkeiten achtet, verbringt man sein Leben mit Unwichtigem und hat danach nicht mehr genug Zeit für die wichtigen Dinge im Leben. Daher ist es wichtig, sich die Frage zu stellen: Wo sind die großen Steine in meinem Leben? Dann legt man diese zuerst in den Krug des Lebens.« Mit einem freundlichen Lächeln verabschiedete sich der Professor von seinen Zuhörern.

7. Kapitel

Meditation & More – das Jahrhundertmedikament im Stresszeitalter

Natürliche Energieprozesse verlaufen nie isoliert oder abgeschirmt, sondern komplex. Sie sind immer ein Ganzes, dessen Einzelteile sich gegenseitig aufbauend ergänzen, die jederzeit miteinander kommunizieren. In diesem Energietransfer ist das Ganze mehr als die Summe seiner Teile (siehe Seite 43). 1 + 1 macht in dieser Rechnung nicht 2, sondern 3, entsprechend dem Wachstumsprozess in natürlichen Vorgängen. Das ist die Maxime der Human-Bionik, in der der Mensch von den technologischen Wunderwerken der Natur nur lernen kann, und das mit großem Gewinn für Leistung und Gesundheit. In lebendigen Prozessen steht Vernetzung vor Linearität. Multifunktionell arbeiten die Einzelelemente einer Konstruktion miteinander, sie gehen ineinander über und ergänzen sich aufbauend, so dass aus 1 + 1 eben 3 entstehen kann. Statt Energieverschleuderung wird Energieeinsparung angestrebt, und durch eine totale Rezyklierung wird jede Form der Abfallanhäufung vermieden. Das Spinnennetz ist einer Stahlkonstruktion an Festigkeit und Elastizität weit überlegen. Wenn die Spinne das Netz nicht mehr braucht, frisst sie es auf. Noch heute verrosten in den Ozeanen zahlreiche Schlachtschiffe aus den vergangenen Weltkriegen. Die Bionik setzt sich ein für die Integration nichtwissenschaftlicher Randgruppen, auch in der Medizin, die stärkere Betonung des Emotionalen, vor allem auch des Ethischen. Aus dieser neuen Sicht der »Lebensganzheit« steht der ethische Imperativ der »Unterwerfung unter eine neue Moral«, in der Mensch und Natur wieder eine Einheit sind. Aus diesem komplexen Ganzen heraus können die Lebewesen nur voneinander lernen, sie können ihr Glück mit eigenen Händen greifen, wenn sie bereit sind, die notwendige Verantwortung für ihr Handeln zu übernehmen.

So funktioniert »Meditation & More«, Gesundheit durch Entspannung, durch die höchste Form der Stimulation aller Parasympathikus-Aktivitäten. Auf die kommt es an, wenn wir unbeschadet all unsere Stressbelastungen überstehen wollen. »Meditation & More« besteht aus den drei Bausteinen Vagus-Meditation, Ausdauertraining, Gegenschwung-Stretching. In dieser Reihenfolge kann auch die Qualität der Gesundheitswirkung auf den Menschen verstanden werden.

- *Vagus-Meditation*

Die Vagus-Meditation steht aus meiner Sicht auf der höchsten Stufe der Gesundheitswirkung auf den Menschen, weil auf diesem Weg die Parasympathikus-Aktivitäten am stärksten betont werden können. Außerdem ist es die Strategie in der Prävention, die ohne Anstrengung zu jeder Zeit und an jedem Ort praktiziert werden kann, und das ohne jede Ausrüstung. Geradezu revolutionär ist die medizinische Erkenntnis, dass durch Meditation bis ins hohe Alter neue Gehirnzellen entstehen. Die Vagus-Meditation erreicht über eine spezielle Ansprache an das »emotionale Gehirn« die höchste Stufe der Tiefenentspannung in der Prävention durch die Mobilisation aller Parasympathikus-Aktivitäten.

- *Ausdauertraining*

An zweiter Stelle in der Gesundheitsförderung steht das atemgesteuerte Ausdauertraining, das zur Herz-Kreislauf-Prävention unverzichtbar ist, wobei die Wirkung erst durch die Kombination mit der Vagus-Meditation nachhaltig gesteigert werden kann. Allerdings ist das Bewegungstraining sehr zeitintensiv, nicht selten schweißtreibend, und Sie benötigen, je nach Sportart, eine spezielle Ausrüstung. Außerdem besteht ständig die Gefahr, dass Sie das Laufprogramm falsch dosieren. Entweder trainieren Sie nicht intensiv genug (nur zweimal wöchentlich), oder Sie setzen zu viel Ehrgeiz ein, Sie übertreiben und landen nicht selten in einem Übertrainingssyndrom. Hinzu können falsche Lauftechniken kommen, die Rücken und Gelenken eher schaden als nützen. All das kann Ihnen mit der Vagus-Meditation nicht passieren (Ergänzungen zum Thema Ausdauertraining siehe »Natürlich gesund«).

Ausdauertraining ist dann gesundheitsfördernd und Stress abbauend, wenn es moderat zur Anwendung kommt, was nichts anderes bedeutet, als dass ein zu großer Ehrgeiz im Sinne der Leistungssteigerung eher hinderlich als förderlich wirkt. »Laufen, ohne zu schnaufen« erreichen Sie, wenn Sie während der gesamten Bewegungsphase konsequent durch die Nase ein- und ausatmen (sogenanntes Totraumtraining). Damit bleiben Sie in der aeroben, sauerstoffreichen Trainingszone, die für unsere Gesundheit wichtig ist. Achten Sie darauf, dass Sie über drei oder vier Schritte einatmen und in der gleichen Beinfrequenz ausatmen. Wenn Sie zu schnell laufen oder sich gar berg- oder treppauf (Kraftausdauer) bewegen, bekommen Sie über die Nase häufig nicht mehr genug Luft. Sie müssen das Tempo reduzieren, es erneut auf die konsequente Nasenatmung einstellen. Laufen Sie wiederholt rückwärts und drehen Sie wechselweise Links-Rechts-Pirouetten. Allein hierdurch reduzieren Sie das Lauftempo, gleichzeitig schulen Sie Ihre Koordination. Ein »geistiges Jogging«, wenn Sie so wollen, und davon profitieren auch Ihre Gehirnzellen, die aufbauend auf diese Herausforderung reagieren. Retrowalking wirkt exzellent, wenn es bergab oder treppab geht. Ein

»Stretching im Vorübergehen« ist auf diese Weise möglich, und davon profitiert insbesondere die Achillessehne, die in unseren Breiten in der Regel verkürzt ist.

Gönnen Sie sich möglichst eine halbe Stunde Ausdauertraining täglich, darauf sind nicht nur das Herz, sondern auch die großen Muskeln der Beine angewiesen. Das Training beginnt bereits mit einem leicht beschleunigten Spaziergang, aber auch kurze 15-Minuten-Episoden zählen in der Prävention, die Sie dadurch realisieren können, wenn Sie den nächsten Besuch beim Arzt, Zahnarzt oder Rechtsanwalt mit einem Treppentraining kombinieren. Sie lassen den Fahrstuhl bewusst »links liegen« und nehmen die vier, sechs oder acht Stockwerke unter Ihre Füße. Aber bitte mit Nasenatmung, schön langsam und Schritt für Schritt, pro Sekunde eine Stufe. Wenn Sie am Bahnhof warten, bietet sich eine Bewegungsepisode an. Nehmen Sie Ihren Rollkoffer und drehen Sie mit wechselnder Hand Pirouetten. Damit fallen Sie nicht weiter auf, keiner bemerkt Ihre Andersartigkeit. Auf dem Nachhauseweg können Sie eine Station früher aus Straßenbahn, Bus oder S-Bahn aussteigen und die letzten 15 Minuten auf Schusters Rappen zurücklegen.

Gönnen Sie sich tägliche Bewegungsepisoden über 15 bis 30 Minuten, aber atemgesteuert, damit Sie sich nicht überfordern können.

Im Ausdauerbereich kommt es auf tägliche Bewegungsepisoden zwischen 15 bis 30 Minuten an, aber bitte moderat und mit konsequenter Nasenatmung (siehe »Natürlich gesund«).

- *Gegenschwung-Stretching*

Drittens ist das Gegenschwung-Stretching von Bedeutung. Dabei geht es um den Erhalt unserer Elastizität bis ins hohe Alter. In der Prävention steht die moderne Berufskrankheit

RSI im Brennpunkt (siehe Seite 20). Vordergründig handelt es sich um Rückenschmerzen, Arm- und Handbeschwerden im Zusammenhang mit monotonen Bedienungsarbeiten, angeführt vom »Mausklick-Syndrom«. Wird die belastete Muskel-Sehnen-Kette bei einseitigen Belastungen behutsam über die Grundlänge gedehnt, kann man hierdurch eine Aktivierung der Sehnenspindeln erreichen. Dabei handelt es sich um Spannungsrezeptoren, die über diese Ansprache eine zusätzliche Entspannung im Körper auslösen. Das Entspannungspotenzial der Sehnenspindeln wird optimal erreicht, wenn in der Dehnungsposition für sieben Sekunden eine ergänzende Anspannung der Muskel-Sehnen-Kette ausgelöst wird, ohne dass eine ergänzende Gelenkbewegung notwendig ist. Das gesamte Entspannungspotenzial der angesprochenen Sehnenspindel ist dann in der Lage, die Parasympathikus-Aktivitäten weiter zu verstärken. Ein überaus wichtiges Verfahren, durch das die modernen Berufserkrankungen wesentlich unter Kontrolle gebracht werden können, wenn im einseitigen Arbeitsalltag gezielt das Gegenschwung-Stretching durchgeführt wird. Dabei genügen sieben Sekunden pro Gelenkeinheit. Es ist aber in jedem Fall ratsam, die kurzen Entspannungseinheiten alle zwei Stunden in den Arbeitsalltag einfließen zu lassen (Ergänzungen zum Gegenschwung-Stretching siehe »Natürlich gesund«).

> *Bei intensiver Belastung braucht es kurze Entspannungspausen im Zwei-Stunden-Rhythmus durch Gegenschwung-Stretching über jeweils sieben Sekunden pro Gelenkeinheit.*

- *Königsdisziplin Tanzjogging*

Und jetzt komme ich zu meiner Königsdisziplin im Ausdauerbereich, zum »Tanzjogging« auf dem schwingenden Trampolin, die Paradeübung für ein Laufen mit allen Sinnen. Lassen Sie sich von der Musik inspirieren, die bei Ihnen die höchste Form der Begeisterung auslöst, die Sie aus dem Sessel reißt. Schon beim Erklingen der ersten Takte können Sie nicht mehr ruhig sitzen bleiben, Sie müssen aufspringen, um sich zu bewegen. Alles verläuft spielerisch-tänzerisch auf einer schwingenden Matte – eine spezielle Ansprache an das »emotionale Gehirn«. Tanzen mit hoher Rückenentlastung als Ausdauertraining auf elastischem Untergrund ist die komplexeste Form der Bewegung, die unserem Naturell entspricht. Tanzen, aber nicht nach bestimmten Regeln oder unter der strengen Führung eines Partners, der Ihnen die persönliche Bewegungsfreiheit nimmt. Das ist das Kardinalproblem der klassischen Standardtänze, bei denen man sich anpassen, ja sogar zum Teil unterwerfen muss. Unser Tanzjogging auf dem Minitrampolin ist den weltweiten, uralten Riten der Volkstänze nachempfunden, in denen man all seine emotionale Begabung ausspielen, in voller Bewegungsfreiheit aufgehen kann. Und wenn dann alles noch der Gesundheit förderlich ist, was will man mehr?

Mühsames Ausdauertraining zur Herz-Kreislauf-Prävention wird durch Tanzjogging auf dem Minitrampolin zum reinsten Vergnügen, auf das Sie bald nicht mehr verzichten wollen. Es ist die Laufstrecke, auf der es nie regnet oder schneit. Herz, Rücken und Gelenke danken es Ihnen.

Musik und Bewegung im Ausdauerbereich in tänzerischer Form, was kann schöner sein? Seit über 20 Jahren ist diese getanzte Spielart der Bewegung der Höhepunkt all unserer Seminare, und auch im häuslichen Bereich ziehe ich mich oft in diesen »Bewegungskokon« zurück, auf dem ich all meine Sorgen und Ängste hinter mir lassen kann, abgeschirmt vom Stress dieser Welt. Natürlich betreibe ich diesen Ausgleich nicht jeden Tag, sondern wechsle in regelmäßiger Folge zwischen Jogging, Radeln, Aquajogging, Bergwandern und Berglaufen, und das bevorzugt im schönen Graubünden. Legen Sie sich in Ihrem Leben einen »bunten Blumenstrauß der Bewegung« zu, wechseln Sie zwischen Laufen, Radeln, Aquajogging, Bergwandern, Skilanglauf etc. Der absolute Höhepunkt der Bewegungsepisoden ist allerdings das erfrischende Tanzjogging auf dem Minitrampolin.

Tiefenentspannung kombiniert mit einer optimalen Rückenentlastung in der Hocke vor der Wand

Unmittelbar nach einer Belastung gehen Sie vor einer Wand in die tiefe Entspannungshocke, die Füße stehen parallel auch mit den Fersen fest am Boden, den Rücken stützen Sie an der Wand ab, so dass das Becken kurz über dem Boden schwebt. Schließen Sie die Augen und rufen Sie Ihr »Cinema interne«-Programm ab. Gleichzeitig umarmen Sie beide Unterschenkel, dabei ziehen Sie den Kopf maximal nach vorn zwischen die Kniegelenke. Eine optimale Rückenentlastung bei maximal erweitertem Spinalkanal ist die Folge. In dieser Stellung stützt dann nur noch das Becken den Körper an der Wand ab, der obere Teil der Wirbelsäule mit Brustwirbelsäule und Lendenwirbelsäule ist nach vorn verlagert. In dieser Hocke vor der Wand können Sie auch die Augenpressur einsetzen. Sie stützen beide Arme auf den Kniegelenken ab, und die Handflächen drücken behutsam gegen die geschlossenen Augen. Diese Rückenentlastung funktioniert auch in der freien Hocke, sofern Sie diese Haltung perfekt beherrschen.

> *Vagus-Meditation in Kombination mit der tiefen Entspannungshocke vor einer Wand ist eine optimale Rückenentlastung mit maximaler Erweiterung des Spinalkanals.*

Ausklang
Glücksgefühle kontra Stressängste

Glück ist nicht nur eine Schicksalsfrage, Glücksgefühle sind auch ein Abbild unserer geistig-körperlichen Verfassung. Das fanden Stimmungsforscher wie Robert Thayer von der Long-Beach-Universität in den USA heraus.

Vier Stadien charakterisieren den wechselnden Körperzustand zwischen Anspannung und Entspannung:

- Entspannt – energisch

Wir sind körperlich ausgeruht und voller Energie. Unsere körperlichen und geistigen Ressourcen stehen uns im vollen Umfang zur Verfügung. Wir fühlen uns kraftvoll, zuversichtlich und absolut glücklich.

- Entspannt – müde

Nach geistiger oder körperlicher Arbeit ist die Energie verbraucht. Wir fühlen uns müde und abgearbeitet. Solange wir uns dieser Müdigkeit hingeben und entspannen können, besteht keine Gefahr, ins Burnout abzurutschen.

- Angespannt – energisch

Wir sind zwar energiegeladen, aber permanent angespannt. Leistungs- und Termindruck verhindern ein klares Denken, die Muskeln sind verkrampft, der Herzschlag beschleunigt, die Konzentrationsfähigkeit eingeschränkt. Dieser Zustand entspricht am ehesten der gegenwärtigen Arbeits- und Lebensweise. Glück wird in dieser Situation nicht mehr wahrgenommen, die Stimmung kann jederzeit in ein Tief abrutschen.

- Angespannt – müde

Alle Energiereserven sind verbraucht, dennoch dauert die Anspannung an. Wir sind definitiv schlecht drauf. Dieser nervöse Erschöpfungszustand kennzeichnet das voll ausgebildete Burnout-Syndrom, das nicht selten in einer Depression endet.

Dabei wird dieses Befinden entscheidend vom »emotionalen Gehirn« gesteuert, der Schaltzentrale unserer Gefühle. In Hochstimmung fühlen wir uns versetzt, wenn der Parasympathikus mit dem Großen Ruhe-Nerv die Regie übernommen hat. Hiermit verbunden ist auch ein Anstieg der Glückshormone Serotonin sowie Dopamin, über die bereits berichtet wurde (siehe Seite 105 f.). Der Stressnerv Sympathikus dagegen produziert die Angst- und Stresshormone Adrenalin, Noradrenalin und Cortisol. Dabei springt die Hormonproduktion im Körper in Sekunden an, weil Hormone die aktivsten Proteinverbindungen darstellen. Burnout ist die chronische Dysbalance zwischen den Stresshormonen einerseits und den Glückshormonen andererseits.

Dieses gefährliche Ungleichgewicht lässt sich chemisch im Labor messen, es gibt einen simplen Speicheltest mit entsprechender Serotonin- und Cortisoldiagnostik. In der symptomatischen Medizin ist primär die ganze Aufmerksamkeit darauf gerichtet, durch Tryptophanzufuhr (Aminosäure) die Serotoninsynthese anzukurbeln, wobei gleichzeitig die Katecholamine (Noradrenalin und Dopamin) ausgeglichen werden, was man durch die Ergänzung der Aminosäuren Tyrosin und Phenylalanin anstrebt.

Wie gesagt: Dies ist der Weg der symptomatischen Behandlung des Burnout-Müdigkeits-Syndroms, und in schweren chronischen Fällen ist er auch durchaus vertretbar. In diesem Buch gehe ich jedoch in die umgekehrte Richtung. Durch Vagus-Meditation kurbeln wir im Körper unsere körperliche Anlage der Selbstorganisation an. Die Organisation des Ganzen geht vom parasympathischen System aus, initiiert in enger Kooperation zwischen dem »emotionalen Gehirn«, in dem der Große Ruhe-Nerv, der Vagus, den eigentlichen Zeremonienmeister darstellt. Über das natürliche Kraftpotenzial der Selbstorganisation ist dann der Körper eigenständig in der Lage, den Zustand der Harmonie, der Kohärenz wieder herzustellen, so dass auf diesem Wege die Glückshormone zu Lasten der Stresshormone verbessert werden können.

Das Anliegen dieses Buches: Durch die sieben Rettungsanker der Vagus-Meditation verfügt jeder Mensch über die Begabung, durch Selbstorganisation im Stressalltag die Dominanz der Glückshormone gegen die angstauslösenden Stresshormone durchzusetzen.

Glücksgefühle sind aber nicht allein eine Frage aufbauender Hormone durch meditative Tiefenentspannung, Glück ist auch ein Zustand des Schenkens von Aufmerksamkeit anderen gegenüber, und sei es nur ein Lächeln. Die moderne Hirnforschung sagt uns, dass das Gehirn keinen Unterschied machen kann zwischen Vorstellungskraft und Realität, wie bereits berichtet (siehe Seite 104 f.). Und nicht nur das, unser Gehirn kann nicht einmal einen Unterschied machen zwischen der eigenen Gefühlsempfindung und dem, was wir mit Interesse und Aufmerksamkeit sehen oder beobachten. Mit anderen Worten: Lachen steckt an. Spiegelneuronen im Gehirn sind es, die spiegelbildartig eine freundliche Umgebung nicht nur registrieren, sondern zur eigenen Ausdrucksfähigkeit verhelfen. Hier liegt eine der wesentlichen Gründe für unser menschliches Sozialverhalten, für ein Mitgefühl, das wir anderen gegenüber empfinden. Bereits in der Bibel wird an vielen Stellen diese Aussage thematisiert, wiedergegeben in den geläufigen Worten: »Geben ist seliger als Nehmen«. Menschen, die abgeben können, machen nicht nur andere Menschen glücklich, sie stimulieren gleichzeitig die eigenen Spiegelneuronen und die wiederum lassen die Glückhormone Serotonin, Dopamin sowie die antriebfördernden Hormone Adrenalin und Noradrenalin fließen.

> Das Glücksgefühl kann bis zu 80 Prozent gesteigert werden, wenn wir unser Mitgefühl anderen gegenüber durch Schenken zum Ausdruck bringen; das Leben wird nicht nur lebenswerter, das Burnout-Risiko rückt in weite Ferne.

Der amerikanische Wissenschaftler Allan Luks spricht in diesem Zusammenhang vom »Helpers' High«, der Hochstimmung durch das Lächeln von Beschenkten, im Vergleich zum »Runners' High«, das nur durch den intensiven Einsatz von Muskelkraft erworben werden kann. Beim Hochgefühl des Helfens wird über die Spiegelneuronen das »emotionale Gehirn« stimuliert, Stresshormone werden abgebaut, das Selbstwertgefühl im depressiven Burnout steigt an. Und in dieser Aufbruchsstimmung des verstärkten Selbstvertrauens verbessert sich sogar das körpereigene Abwehrsystem.

Glückshormone kontra Stresshormone, so lautet also das Gebot der Stunde. Die sieben Rettungsanker machen es möglich, und das mit einem derart geringen Zeitaufwand, dass sie als realisierbare Hoffnungsträger in unserer Gegenwart ständiger Beschleunigung erscheinen können. Denn wie schon gesagt: Alles hat der moderne Mensch in Zeiten dominanter Online-Präsenz, nur eben keine Zeit. Abgeschieden in einem Kloster oder im fernöstlichen Yogasitz repetitiven Sprechbotschaften oder monotonen Gesängen zu lauschen ist nicht jedermanns Sache. Vor allem nicht, wenn das Gehirn sich derart an eine hohe Dichte unterschiedlichster Informationen gewöhnt hat, dass jede ungenutzte Zeit mit Langeweile gleichgesetzt wird. Gestresste Menschen leiden vorrangig unter einer besonderen Zeitkrankheit, der »Ungeduld des Nicht-warten-Könnens«, denn online ist alles schnell, direkt und global zu haben. Ruhe, Stille und Entspannung sind für diese Menschen auch ein Produkt, das sich mit den anderen Gütern dieser Welt messen, ja, sogar in Wettbewerb treten muss. Multitasking hat nicht nur die Zeit, sondern auch die Menschen verändert. Sie sind es ganz einfach nicht gewöhnt, 15 oder gar 30 Minuten auf die Tiefenentspannung der klassischen Meditation zu warten, diese Geduld haben sie nicht und können sie nicht einbringen. Dagegen holt die Vagus-Meditation mit ihrem pragmatischen Ansatz die Menschen aus ihrem realen Alltag ab, weil sie auf die körpereigenen Begabungen setzt, die nicht durch lange Stressbewältigungs- und Entspannungsseminare angeeignet werden müssen. Die sieben Rettungsanker können sofort und überall ausgeworfen werden, und sie geben uns in stürmischer See wieder festen Grund in absoluter Sicherheit. Mit dieser hoffnungsvollen Botschaft möchte ich dieses Buch beenden, denn Hoffnung ist ein hochwirksames Medikament im Stresszeitalter, das durch sein Kraftpotenzial nicht nur Grenzen sprengen kann; es gibt uns trotz aller negativer Szenarien neuen Mut, vertrauensvoll in die die Zukunft zu blicken.

Anhang

Literatur

Alberti, B.: Die Seele fühlt von Anfang an, München 2005, Kösel
Benson, H.: Heilung durch Glauben, München 1996, Heyne
Blech, J.: Bewegung, Frankfurt a.M. 2007, S. Fischer
Brügger, A.: Die Erkrankungen des Bewegungsapparates und seines Nervensystems, Stuttgart 1980, Fischer
Burisch, M.: Das Burnout-Syndrom, Heidelberg 2006, Springer
Chang-Lin Zhang: Der unsichtbare Regenbogen und die unhörbare Musik, 2007, Monarda Publishing House Ltd.
Cohen, GD.: Vital und kreativ/Geistige Fitness im Alter, Düsseldorf 2006, Patmos
Cooper, K.H.: Bewegungstraining ohne Angst, München/Wien/Zürich 1986, BLV
Cramer, F.: Chaos und Ordnung, Stuttgart 1993, Deutsche Verlagsanstalt
Csikszenrmihalyli, M.: Kreativität, Stuttgart 1996, Klett-Cotta
Csikszentmihalyi, M.: Das Flow-Erlebnis, Stuttgart 1985, Klett-Cotta
Csikszentmihalyli, M.: Flow – Das Geheimnis des Glücks, Stuttgart 1995, Klett-Cotta
Davis, P.: Die Unsterblichkeit der Zeit, Bern/München/Wien 1995, Scherz
Davis, P.: Prinzip Chaos, München 1988, Bertelsmann
Dürr, H.-P., Oesterreicher, M.: Wir erleben mehr, als wir begreifen, Freiburg 2007, Herder
Dürr, H.-P.: Auch die Wissenschaft spricht nur in Gleichnissen, Freiburg 2008, Herder
Guggenbühl, A.: Wer aus der Reihe tanzt, lebt intensiver, München 2001, Kösel Verlag
Hilbrecht, H.: Meditation und Gehirn, Stuttgart 2010, Schattauer
Hollmann, W./Hettinger, Th.: Sportmedizin. Arbeits- und Trainingsgrundlagen, Stuttgart 1990, Schattauer
Jäger, W.: Die Welle ist das Meer, Freiburg 2000, Herder

Kabat-Zinn, J.: Gesund durch Meditation, Frankfurt 2009, Fischer Taschenbuchverlag
Kabat-Zinn, J.: Zur Besinnung kommen, Freiburg 2005, Arbor
Levey, J.: Die Kunst der Entspannung, München 1988, Hugendubel
Merritt, S.: Die heilende Kraft der klassischen Musik, München 1996, Kösel
Ornisch, D.: Die revolutionäre Therapie: Heilen mit Liebe, München 1999, Mosaik
OTT, U.: Merkmale der 40 Hz-Aktivität im EEG während Ruhe, Kopfrechnen und Meditation. Schriften zur Meditation und Meditationsforschung, Band 3, *Frankfurt* 2000, Peter Lang
Rauhe, H.: Musik hilft heilen, München 1993, Arcis
Reimann, M.: Entdecke die Musik in Dir, München 1998, Kösel
Rizzolatti, G., Sinigaglia, C.: Empathie und Spiegelneurone – die biologische Basis des Mitgefühls, Frankfurt 2008, Surkamp
Schettler, G./Mörl, H.: Der Mensch ist so jung wie seine Gefäße, München 1991, Piper
Schnack, G.: 7 Brücken für den Rücken, München 2011, Kösel
Schnack, G.: Fit in 7 x 7 Sekunden, München 2003, Kösel
Schnack, G.: Natürlich gesund, Freiburg 2009, Herder
Schnack, G.: Rhythmische Meditation, Moers 2009, Brendow
Servan-Schreiber, D.: Die neue Medizin der Emotionen, München 2006, Goldmann
Tittel, K.: Beschreibende und funktionelle Anatomie des Menschen, Jena 1990, Fischer
Tomatis, A.: Klangwelt Mutterleib, München 1994, Kösel
Wilber, K.: Das Spektrum des Bewusstseins, Reinbek 2003, Rowohlt

Anschriften im Internet

www.mindandlife.org (Mind & Life Institute: Forschung über Meditation, Psychologie und Neurobiologie)
www.smmt.de (Society for Meditation and Meditation Research)
www.lassalle-haus.org (moderne christliche Mystik in Zusammenhang mit Hugo Lassalle)
www.spirituelle-wege.de (Zen-Buddhismus und Christentum)
www.ncbi.nlm.nih.gov/pubmed (Datenbank mit Zusammenfassungen von Artikeln aus der medizinischen Forschung)
www.fuhrmann-hilbrecht.de (Neues zum Thema Meditation und Gehirn)

www.mc.even-allostaticload (stress, adaption and diesease: Allostasis and allostatic load)
www.zukunft-ch/themen/werte_gesellschaft (Europäischer Hirnforschungsrat Brüssel)
www.indiana.edu/-intell/binet.shtml (Binet, A.: IQ)
www.trans4mind.com/...stages-development.ht (Jung und Piaget, Yale Univ.: EQ)
www.bertelsmann-stiftung.de (Psychische Erkrankungen auf dem Vormarsch)

Präventivmedizinische Studien zu den Aussagen des Buches

1. Hambrecht R., Walther C: Endotheliale Dysfunktion bei kardiovaskulären Erkrankungen: Einfluss von körperlicher Aktivität. Deutsche Zeitschrift für Sportmedizin, Jahrgang 52, Nr. 6 (2001).

Körperliche Aktivität mindert die Dysfunktion des Endothels (der Zellmembran, mit der die Arterien ausgekleidet sind) durch eine Steigerung des L-Arginin-Stickstoffmonoxyd-Stoffwechsels. Dies erfolgt durch die Abnahme des Gefäßwiderstandes bei gleichzeitiger Einschränkung der Verklumpung der Blutplättchen. Ferner nimmt die Bereitschaft der weißen Blutkörperchen ab, sich an die Gefäßinnenwände anzuheften.

18 Männer im Anfangsstadium peripherer Durchblutungsstörungen (Schaufensterkrankheit) joggten vier Wochen lang täglich auf dem Laufband. Die Zahl der zirkulierenden Stammzellen verdreifachte sich. Diese Zellerneuerer machten sich auf den Weg, die erkrankten Blutgefäße von innen zu regenerieren.

2. Clark et al.: Meta-Analysis: secondary prevention programs for patients with coronary artery disease. Ann Intern Med. 143 (2005) 659–672 (1. Meta-Analyse).

In Daten von 63 randomisierten (d.h. zufällig ausgewählten) Studien bei 21 295 Patienten mit bekannter koronarer Herzkrankheit konnte eine Reduktion der Gesamtsterblichkeit dokumentiert werden.

3. Jolliffe et al.: Exercise-based rehabilitation for coronary heart disease (Cochrane review) (2. Meta-Analyse).

In 40 Studien bei 8440 Patienten mit koronarer Herzerkrankung konnte die Gesamtsterblichkeit durch körperliche Aktivität um 27 Prozent gesenkt, die kardiale Sterblichkeit um 31 Prozent reduziert werden.

4. Myers J. et al: Exercise capacity and mortality among men referred for exercise testing. N Engl J Med. 346 (2002) 793–801 (3. Meta-Analyse).

In dieser Studie konnte nachgewiesen werden, dass mit der Verbesserung der maximalen Sauerstoffaufnahmefähigkeit die Sterblichkeit bei Herzkranken abnimmt.

5. Hollmann W. et al: Laktatdiagnostik. Medizintechnik (1985), 105: 254–162.

Die Autoren fanden als optimalen Wirkungsgrad der Atmung den Punkt, bei dem mit einem Minimum an Atmungsaufwand ein Maximum an Sauerstoff aufgenommen wird; es handelt sich dabei um die »aerobe Dauerleistungsgrenze«. Das ist die Belastungsintensität, die ohne Inanspruchnahme anaerober, laktazider Prozesse (also ohne Sauerstoffmangel) bewältigt werden kann, so dass ein Milchsäureanstieg im Blut vermieden wird.

6. Kindermann et al: The significance of aerobic-anaerobic transition for the determination of work load intensities during endurance training. Eur J App. Physiol 1979, 42: 25–34.

Die Autoren fanden an der aeroben Dauerleistungsgrenze einen ersten Laktatanstieg auf ca. 2 mmol/l (aerobe Schwelle). In der Regel erfolgt an diesem Punkt die Umschaltung der Nasen- auf die Mundatmung. Sie hielten diese Arbeitsbelastung ausreichend für ein Training zur Prävention und Rehabilitation.

7. Petruson B., Bjurö T.: The importance of nose-breathing for the systolic blood pressure rise during exercise. Acta otolarygol (Stockholm) 1990; 109: 461–466.

Diese Studie hat ergeben, dass bei nasaler Atmung der systolische Blutdruck unter Belastung um 13 mm/HG weniger anstieg.

8. Gordon et al: Exercise and mild essential hypertension. Recommendation for adults. Sports Medicine 1990; 10: 390–404.

Die Autoren empfehlen bei Bluthochdruck ein gemäßigtes Training zwischen 60 und 80 Prozent der maximalen Herzfrequenz, denn nach ihrer Aussage wirkt nur ein aerobes Training blutdrucksenkend.

9. Hollmann W., Gyárfás I.: Gesundheit und körperliche Aktivität (WHO und FIMS), Dt. Ärztebl 91 (50) (1994): 3511–3512.

Auf einer gemeinsamen Tagung der Weltgesundheitsorganisation (WHO) und des Weltverbands für Sportmedizin (FIMS) in Deutschland

1994 wurde Bewegungsmangel an die Spitze aller Risikofaktoren für die Gesundheit gestellt.

10. Hölzel, B.K, Ott, U., Hempel, H., Hackl, A., Wolf, K., Stark, R., Vaitel, D.: Differential engagement of anterior cingulate and adjacent medial frontal cortex in adept meditators and non-meditators. Neuroscience Letters 2007a; 1976 (421): 16–21

11. Kjaer, TW., Bertelsen, C., Piccini, P, Brooks, D., Alving, J., Lou HC.: Increased dopamine tone during meditation-induced change of consciousness. Brain Research Cognitive Brain Research 2002; 13(2): 255–259.

12. Fries, J.F. Stanford University Kalifornien: Cardiovascular Risk Profile Earlier in Life and Medicare Costs in the last Year of Life Arch. Intern. Med. 2005, 165:1028–1034.

Diese seit 1984 durchgeführte Langzeitstudie an 500 Menschen, die damals über 50 Jahre alt waren und mehrfach in der Woche joggten, hat bestätigt, was durch Megastudien weltweit seit Langem belegt ist: Durch regelmäßiges Ausdauertraining im aeroben Bereich kann das Altern hinausgezögert werden, und zwar ein Leben lang. Die Forscher um James F. Fries kamen zu der Endaussage: »Sport nützt der Gesundheit mehr, als wir dachten.«

13. Castillo, R.J. (1990). Depersonalization and meditation. Psychiatry, 53–168.

14. Goleman, D. u. Schwarz, G. (1976) Meditation as an intervention in stress reactivity. Journal of Consulting and Clinical Psychology, 44, 456–466.

15. Wallace, R.K. (1970). Physiological effects of transcendental meditation. Science, 167, 1751–1754.

16. Wallace, R.K., Benson, H. u. Wilson, A.F. (1971). A wakeful hypometabolic state. American Journal of Physiology, 221, 795–799.

17. Niebel, G. u. Hanewinkel, R.: Gefahren und Missbrauchspotential von Meditationstechniken, 1997, Kiel.

18. Saft, W.: Stille Zeit in einer schrillen Welt, Idea spectrum 13/07, 22.

19. Ottemann, Ch.: Meditation – ein Herzwort biblischer Frömmigkeit, Idea spectrum 14/07.

20. Ivanovski, B. u. G.S. Malhi: The psychological and neurophysiological concomitants of mindfulness forms of meditation. Acta Neuropsychiatrica, 19/07, 76–91.

21. Michalak u. T. Heidenreich: Neue Wege der Rückfallprophylaxe bei Depressionen. Die achtsamkeitsbasierte kognitive Therapie. Psychotherapeut, 50, 2005, 415–422.

22. Smith, P. und D.J. Chalmers: Was ist Bewusstsein? Psychologie Heute Juli 99, 37–41.

23. Lazar SW., Busch G., Gollub RL., Fricchione Gl., Khalsa G., Benson H.: Functional brain mapping of the relaxation response and meditation. NeuroReport, 11: 1581–1585, 2000.

24. Lazar SW, Kerr C, Wasserman RH., Gray JR., Greve D., Treadway MT., McGarvey M., Quinn BT., Dusek JA., Benson H., Rauch SL., Moore CI., Fischl B..: Meditation experience is associated with increased cortical thickness. NeuroReport, 2005, 16: 1893–1897.

25. Lazar SW. and Benson H.: Function brain imagin and meditation. In: Complementary and Alternative Medicine in Rehabilitation. Leskowitz E. (ed.), St.Louis: Elsevier Health Sciences, 2002.

26. Wittchen, H.U.: Response, Remission, Recovery and Reality 2011, Depression Tribune.